ZÉNOBIE, L'HÉRITIÈRE DE CLÉOPÂTRE

Paru dans Le Livre de Poche :

THOUTMOSIS :
1. Le Rival d'Hatchepsout
2. L'Ibis indomptable
3. Au royaume du sublime

LES HISTOIRES D'AMOUR DES PHARAONS

LA PHARAONNE :
1. La Princesse de Thèbes
2. Le Pschent royal
3. Le Voyage d'éternité

AMÉNOPHIS :
1. Le Prince de lumière
2. Le Breuvage d'amertume
3. Vénérable Tiyi

LES PHARAONS MÈNENT À LA VIE ÉTERNELLE
(autobiographie)

ZÉNOBIE, L'HÉRITIÈRE DE CLÉOPÂTRE

Paru dans Le Livre de Poche :

THOUTMOSIS :
1. Le Rival d'Hatchepsout
2. L'Ibis indomptable
3. Au royaume du sublime

LES HISTOIRES D'AMOUR DES PHARAONS

LA PHARAONNE :
1. La Princesse de Thèbes
2. Le Pschent royal
3. Le Voyage d'éternité

AMÉNOPHIS :
1. Le Prince de lumière
2. Le Breuvage d'amertume
3. Vénérable Tiyi

LES PHARAONS MÈNENT À LA VIE ÉTERNELLE
(autobiographie)

VIOLAINE VANOYEKE

Zénobie, l'héritière de Cléopâtre

RÉCIT

MICHEL LAFON

À Philippe.

Zénobie est craintive comme une femme, mais elle combat comme un homme.

AURÉLIEN, *Histoire Auguste*.

INTRODUCTION

Je n'ai cessé d'être attirée, parfois malgré moi, par les personnages célèbres et méconnus. Les recherches sur de tels personnages sont souvent difficiles et se font en partie sur le terrain.

En tentant de cerner le caractère de Zénobie, personnage clé de Syrie, qui ressemblait, par certains côtés, à Cléopâtre ou à Hatchepsout, la femme-pharaon à laquelle j'ai consacré plusieurs ouvrages[1], je savais que je n'obtiendrais pas les réponses à toutes les questions que l'on pouvait se poser à son sujet.

Tout en poursuivant mon long labeur sur la XVIIIe dynastie égyptienne, j'approfondissais mon travail sur Palmyre et l'époque de Zénobie. Au sujet d'Hatchepsout, je m'étais confrontée à bien des inconnues. Plus de quinze ans de travail sur ses traces et sur celles de ses ancêtres ou de ses descendants m'avaient rendu le personnage familier.

J'en arrivais à des conclusions qui remettaient souvent en cause de nombreuses idées reçues ou des ouvrages d'histoire parfois très récents mais dépassés ou en grande partie erronés. J'avais ainsi fait décou-

1. *La pharaonne Hatchepsout,* Éd. M. Lafon; *Thoutmosis,* Éd. M. Lafon; *Aménophis,* Éd. M. Lafon; *Autobiographie, Les pharaons mènent à la vie éternelle,* Éd. M. Lafon.

vrir Hatchepsout à tous. Je suis la seule à avoir réellement tenté de reconstituer sa vie pendant tant d'années. Écrire dans les revues spécialisées ou historiques, faire paraître des ouvrages d'histoire ne m'empêchera pas de poursuivre mon objectif : mettre ces découvertes et le résultat de mes recherches en cours à la portée du grand public. Vulgariser ou remettre en scène de telles données supposent évidemment des qualités littéraires et scientifiques et une complète maîtrise du sujet. La tâche peut être difficile puisque rares sont les scientifiques qui tentent l'expérience ou y parviennent. L'oser est une marque de respect vis-à-vis des lecteurs et de ceux qui ne se laissent plus duper par des propos cache-misère, confus et obsolètes.

Zénobie avait en commun avec Hatchepsout et Cléopâtre un caractère fort. Toutes trois étaient des héritières. Si le dieu Soleil, si Bâal brillait sur la Syrie, l'empereur Aurélien adorait, lui aussi, le *Sol Invictus* d'Héliogabale dont j'ai rendu compte par ailleurs. Mes travaux sur le monothéisme et l'adoration du dieu Aton trouvaient une unité sur les plans culturel, mystique et religieux ; des travaux fondamentaux sur l'orientation des croyances et des civilisations déterminante pour le devenir des hommes et des sociétés. Hatchepsout et Thoutmosis III n'y avaient-ils pas largement contribué en multipliant les échanges commerciaux, culturels et religieux entre l'Égypte et les autres pays ? Précurseurs d'une politique qui allait se développer sous le règne de leurs successeurs, ils avaient régné à l'aube d'une période décisive pour l'Histoire dont les religions à venir, certaines philosophies et des personnages comme Zénobie et Aurélien étaient d'éblouissants exemples.

VIOLAINE VANOYEKE.

PREMIÈRE PARTIE

I

La ville de Zénobie

Palmyre, une ville fertile

L'histoire de Zénobie, la reine de Palmyre, reste à jamais liée à celle de cette ville exceptionnelle nichée au milieu du désert. Une bande de terre fertile longe la mer. Sur le littoral ou à l'intérieur des terres syriennes, les noms de cités célèbres se succèdent. Émèse évoque la dynastie des empereurs romains « les Sévères » autrefois mariés à des Syriennes. Ougarit demeure l'un des berceaux de l'écriture.

Puis les arbres se raréfient. Les étendues de sable apparaissent bientôt. Une piste s'enfonce dans le désert habité par les seuls Bédouins réfugiés sous leurs tentes noires. De temps à autre, des chameaux lancent leurs longs cris vers le ciel bleu. Le sable se soulève en tourbillons menaçants, laissant augurer des tempêtes.

Soudain, au bout de la piste, au détour d'une colline, émergent des points verts là où l'on n'attend que la blancheur monotone du sable et le vertige bleu des cieux. Mirage ou réalité ? Les murailles de la ville se précisent. Les palmiers-dattiers agitent leurs feuilles. Les colonnes magnifiques des portiques et des temples éclatent de blancheur. Palmyre jaillit des sables dans toute son opulence et sa magie.

Dans son *Histoire naturelle*, Pline l'Ancien la décrivait comme une ville riche en eaux, plantée en plein désert, loin de tout. Or, Palmyre était, en réalité, située à un endroit stratégique. Elle n'était pas devenue une ville mythique par hasard. La reine Zénobie n'avait pas connu la notoriété parce qu'elle s'était affirmée dans une cité sans importance. Mais quels étaient précisément les richesses et les avantages de cette ville bâtie en plein désert ?

Palmyre était fertile. Ses habitants recevaient comme un don du ciel l'eau d'une source sulfureuse, l'Efqa, qui irriguait leurs vergers et leurs champs. Leurs plantations de palmiers-dattiers et d'oliviers se multiplièrent au cours des années. Les arbres croulaient sous les fruits. En outre, cette source non potable permettait aux Palmyréniens de récolter du sel. Ils savaient le ramasser dans les eaux stagnantes situées non loin de la ville où la source venait achever sa course.

Les Palmyréniens avaient trouvé une solution pour subvenir à leurs besoins en eau potable. Des puits, des galeries et des citernes leur permettaient d'avoir de l'eau pure agréable à boire. Quand ils surent construire des barrages, les galeries furent sans doute abandonnées. Il pleuvait abondamment à Palmyre. Non seulement les forêts avoisinantes étaient denses mais les prairies s'étendaient suffisamment pour inciter les bergers à y faire paître leurs troupeaux. Moutons, chèvres, brebis devaient couvrir les flancs des collines où se trouvaient, çà et là, quelques points d'eau.

Les Palmyréniens possédaient donc du bétail et des vergers.

Les tribus palmyréniennes

Nullement isolée, Palmyre avait été bâtie près de plusieurs villages dont on distinguait les fermes dans la montagne environnante. Car Palmyre avait aussi l'avantage d'être protégée par les monts qui l'entouraient. Chaque village avait ses lieux de sacrifices en l'honneur des dieux et ses salles de divertissement. Les habitants vénéraient de modestes dieux locaux mais aussi des divinités puissantes. Ils se réunissaient pour interroger les oracles et prier les divinités, assistaient à de grands festins agrémentés de musique ou d'acrobaties. Chez ce peuple de cavaliers, habiles dans l'élevage, les dieux avaient parfois l'aspect de cochers expérimentés. Partout, les images divines étaient exécutées avec finesse, beauté, précision.

Le territoire de Palmyre, que les Romains cherchèrent à agrandir quitte à empiéter sur celui des Parthes, était vaguement délimité par des bornes et des « frontières » naturelles comme l'Euphrate que les voyageurs ne franchissaient pas sans émotion. Arriver dans cette cité luxueuse après de pénibles journées de marche sous un soleil ardent soulevait l'enthousiasme de tous ceux qui espéraient accumuler une fortune en y vendant leurs biens. Sur les places, les hommes s'agitaient, nombreux et bavards. Certains, en tenue orientale, en tuniques grecques ou en toges romaines discutaient politique. D'autres, venus de tous les horizons, préparaient leurs étals pour vanter leurs marchandises.

Ces marchands arrivaient le plus souvent par de simples pistes partant de Bseira, de Doura-Europos, d'Anqa, d'Ana ou de Hit, longues mais plus sûres que les routes militaires où l'on a retrouvé quelques inscriptions. Des postes à Umm el-Amad, Umm es-Selabih ou Qasr Helqum sont également connus. Ces pistes permettaient d'éviter la route classique reliant Spasinou-Charax à Doura, à Antioche puis à Séleucie et celle qui traversait l'Arabie et arrivait à Damas, à Émèse et à Alep.

Les marchands étrangers pouvaient donc accéder à Palmyre par de nombreuses routes. Les pistes étaient multiples et jalonnées de stations. Certaines voies semblaient empruntées plus facilement que d'autres par des commerçants qui souhaitaient éviter les conflits. D'autres routes servaient, au contraire, aux militaires qui refusaient de traverser le désert par des pistes impraticables.

*
* *

Qui avait décidé de faire de cette oasis magnifique qu'était Palmyre, d'abord appelée Tadmor, une ville éclatante et riche ? Peu de Palmyréniens s'en souvenaient à l'époque de Zénobie. Grâce aux inscriptions et à la représentation de la plupart d'entre eux, ces hommes restent pourtant dans l'histoire. Certaines familles étaient plus célèbres que d'autres. Elles avaient fait construire des monuments, s'étaient imposées par leur talent. Elles étaient rattachées à des tribus divisées en corporations. Des Palmyréniens étaient ainsi connus pour être gardiens de troupeaux de père en fils, d'autres pour être marchands. Près d'une vingtaine de corporations regroupèrent, tout d'abord, l'ensemble des habitants. Des nomades ayant abandonné leur vie dans le désert pour s'installer à Palmyre en avaient créé d'autres auxquelles s'étaient ajoutées celles des Araméens lorsqu'ils s'étaient imposés dans la ville.

Cet ensemble constituait la force et l'unité de la cité. Peut-être des hommes représentatifs de chaque tribu et désignés dans chaque famille se concertaient-ils au sujet des décisions politiques ou économiques qui pouvaient mettre en péril l'équilibre de Tadmor. Ils étaient liés par l'attachement à leur ville, leur indépendance, leur ruse, leur connaissance du désert et leur sens des affaires. Les anciens nomades étaient des enfants du désert attachés à leur liberté et à leur indépendance qui ne durent accepter qu'avec peine la domination romaine.

Il semble, toutefois, qu'ils se soient peu à peu accoutumés à leur condition de sujets de l'empereur romain. S'ils se montraient fins politiques, ils étaient avant tout de si habiles marchands qu'ils avaient fait de leur ville la plaque tournante d'un commerce international.

Les premiers habitants de Tadmor

L'Euphrate représentait la frontière entre l'empire occupé par les Romains et le domaine des Parthes. Sur le fleuve, la ville de Doura était au centre de toutes les convoitises. Elle avait été parthe avant d'être contrôlée par les Romains.

Les Palmyréniens se trouvaient donc au centre de deux puissances opposées par leurs pensées et leurs coutumes : l'Empire romain et la Parthie. Astucieux, ils considéraient cette situation comme un avantage plutôt que comme un inconvénient. Ils s'enrichissaient en faisant du commerce avec les uns et les autres, refusant souvent de prendre position. Ils avaient hérité du bagage culturel et religieux des Orientaux et des Romains. Très attirés par la grandeur romaine et l'art grec, ils refusaient ainsi de se couper des régions de l'est tout en conservant des croyances religieuses propres à leur ville. Ils parlaient le palmyrénien et le grec et portaient des noms sémitiques et helléniques.

Mais à quelle date faut-il remonter pour retrouver les premières traces d'habitats dans la région de Palmyre ? Sa source Efqa permit sans doute aux hommes d'y vivre pendant le néolithique comme le prouve la découverte d'outils datant de cette époque.

Quelques textes emploient les termes de Tadmoréens en évoquant les ancêtres des Palmyréniens. Ainsi en est-il de tablettes de Mari bâtie au bord de l'Euphrate. Tout laisse penser qu'à cette époque nombreux étaient les peuples voisins qui faisaient du commerce avec les Syriens. Ces commerçants passaient-ils déjà par Tadmor ? D'où vient ce nom et que signifie-t-il ? Fait-il référence, comme certains le prétendent, à une cité équipée d'une « garnison de surveillance » ?

À en croire certaines tablettes retrouvées en Syrie, le roi d'Amourrou (XIIIe siècle avant J.-C.) dirigea Tadmor. Il imposa des taxes à tous ceux qui faisaient transiter leurs marchandises par sa ville.

Un jour, s'imposèrent les Araméens qui apportèrent à Tadmor leurs coutumes et leur langue. Les Araméens, dont le rôle fut déterminant dans l'histoire de Palmyre, apportèrent avec eux le chameau, très précieux pour les Anciens.

Mais comment les Araméens s'étaient-ils installés à Tadmor ? Avaient-ils envahi la ville par la force ? La cité avait-elle souffert de conflits successifs et des ambitions de ces peuples ?

Les Araméens paraissent s'imposer pendant une période troublée qu'attestent des témoignages royaux comme celui d'un souverain assyrien du premier millénaire qui prétend les avoir pourchassés, combattus puis vaincus.

Assurbanipal combat les Araméens

L'époque la plus connue de Tadmor commence avec le roi d'Assyrie Assurbanipal au VIIe siècle avant J.-C. Avec une armée considérable, Assurbanipal se rua sur de nouvelles tribus qui convoitaient Tadmor.

Pour ce faire, il avait réuni des villageois courageux, des soldats et des mercenaires peu attachants mais acharnés, toujours à l'affût d'un butin, qu'il savait très efficaces. Il les avait déjà vus menacer l'ennemi, profiter de sa peur, malmener les adversaires en fuite en semant la panique dans les rangs et piller les villes. Comptant sur leur courage et leur obstination, Assurbanipal ne leur donnait généralement qu'un équipement léger.

Dans l'armée d'Assurbanipal, ces mercenaires luttaient avec les *quradu*, fidèles du roi capables de sacrifier leur vie pour celle de leur souverain, les archers, les sapeurs, les artilleurs, prêts à forcer les portes les mieux protégées, et les lanciers.

Assurbanipal avait ainsi une armée équipée et prête au combat, des archers sachant atteindre leur cible en pleine course, des cavaliers, montant leurs chevaux sur une simple couverture de laine et vêtus de cuirasses en plaques de métal, capables de désarçonner n'importe qui, des fantassins aux lances souples et aux boucliers imposants.

Pendant cette campagne, Assurbanipal avait pris lui-même le commandement de ses hommes, abandonnant au *tartan*, son général en chef, le rôle de conseiller. Sans doute avait-il consulté les devins et les livres de présages pour savoir si la période était favorable à une victoire. Tout roi assyrien ne pouvait entreprendre une guerre de cette importance sans connaître l'avis des dieux. Partir pour Tadmor ne se prévoyait pas en une journée selon le bon vouloir des haruspices. Assurbanipal avait longuement préparé son armée et ses plans, envoyant des espions aux frontières puis des messagers chargés de recueillir leurs rapports. Assurbanipal voulait tout savoir de l'ennemi : ses objectifs, ses réactions et l'importance de ses effectifs. Il avait élaboré son parcours avec minutie et s'était renseigné sur chaque obstacle.

Le roi n'avait pas besoin de prévoir des béliers pour pénétrer dans la ville qui n'était pas ceinte d'une muraille. Il partait donc vers une victoire facile.

La stupeur des Araméens dut gagner toute la ville quand Assurbanipal se présenta aux abords de Tadmor avec son armée avançant en rangs serrés.

Les Assyriens établirent, tout d'abord, leur camp non loin de la ville, signe qu'ils ne quitteraient pas les lieux sans l'avoir emporté. Du haut de certains édifices, les habitants pouvaient distinguer les tentes des soldats, celle plus importante du souverain et, le soir, les fumées qui montaient vers le ciel étoilé. Ils entendaient les chevaux hennir tandis que leurs propres bêtes s'agitaient en écoutant ces cris inhabituels. Peut-être les tribus ennemies songeaient-elles encore à envoyer quelque héraut pour aller chercher des secours mais la perspective qu'il finirait empalé s'il était capturé remplissait chaque volontaire de crainte.

Assurbanipal ne retarda guère le combat. Comme à l'accoutumée, les habitants de Tadmor avaient dû monter en haut des temples ou des monuments élevés pour tenter de repousser l'adversaire à l'aide d'huile brûlante ou de torches enflammées en cas d'attaque. Les Assyriens prirent très vite l'avantage. Si les maisons furent sans doute épargnées, des Assyriens volèrent des biens précieux. Seuls les bijoux cachés ou enterrés échappèrent au larcin. Les chevaux assyriens lancés au galop dévastèrent les rangs ennemis. Le roi s'empara des équipements en or de ses adversaires. Ses soldats volèrent des bas-reliefs et arrachèrent aux temples des décors en or et des motifs précieux.

Le roi imposa aux prisonniers les tortures et les affronts habituels. Certains eurent les yeux crevés ; d'autres furent enfermés dans une cage ; d'autres encore furent écorchés vifs. Les femmes et les filles des vaincus prirent le chemin des harems ou des marchés où elles furent vendues comme esclaves.

Les Assyriens poursuivirent les nombreux fugitifs. Ils tuèrent la plupart des soldats et leur coupèrent la tête ainsi que le voulait la tradition. Quelques soldats gagnèrent les rangs de l'armée assyrienne ; d'autres devinrent fonctionnaires dans les temples ou chez de riches Assyriens.

Assurbanipal fêta grandement sa victoire. Son peuple se réjouit lui aussi et offrit des sacrifices humains ou bovins aux dieux. Une partie du butin fut donnée aux divinités Assur, Shamash, Nabu et Marduk. Les bêtes ramenées en Mésopotamie, les bijoux précieux, en ivoire, en lapis-lazuli, en or ou en argent, les statues en bronze restèrent au palais royal.

II

Citoyenne de Palmyre

Tadmor devient Palmyre

Bien que la plupart des nomades préférassent se sédentariser et vivre dans la cité de Tadmor, certains choisissaient le désert et la liberté. Deux genres de vie séparaient ces hommes aux mœurs différentes qui ne parvenaient pas toujours à s'entendre.

Peu à peu, les sédentaires s'organisèrent, étendirent leur domaine agricole ou devinrent artisans tandis que les caravanes se multipliaient. Les tribus perdirent sans doute de leur pouvoir alors que croissait celui des chefs de caravanes. Mais certaines d'entre elles trouvèrent l'appui de quelques notables. Ainsi en témoignent des tombeaux et des dieux nouveaux qui se mêlent aux plus célèbres des divinités de Tadmor, la plus puissante étant sans nul doute le dieu Bêl.

Il est difficile de savoir très exactement quand Tadmor prit le nom de Palmyre, la ville de Zénobie. Quel était son pouvoir quand les anciens généraux d'Alexandre le Grand, qui avaient obtenu la direction de la Syrie au moment du partage de son empire, créèrent la dynastie des Séleucides ? Cette dynastie contribua-t-elle au développement de la ville ? Bénéficiait-elle à cette époque de la prospérité qu'elle connut plus tard ? Quelle était l'importance de Palmyre lorsque les Romains s'imposèrent dans la cité ? Autant de questions auxquelles il est parfois délicat d'apporter une réponse précise. S'il est facile d'imaginer quelle fut la ville romaine et riche des IIe et IIIe siècles, les périodes antérieures semblent parfois plus confuses.

Avant que les Grecs puis les Romains ne s'y installassent, comment Palmyre était-elle bâtie ? Dans les villes orientales, les maisons se touchaient les unes les autres. Le tracé des rues était inattendu, sinueux et irrégulier. Les cités avaient adopté les plans en damier des villes mésopotamiennes. Babylone était pourvue de larges rues qui partageaient la ville en quartiers rectangulaires et qui portaient le nom de divinités importantes. Les voies de Palmyre devaient plutôt ressembler à celles des quartiers populaires orientaux.

L'influence grecque lui donna un nouvel éclat. Puis la ville romaine remplaça la cité hellénistique avec ses ors et sa majesté.

Des empereurs à Palmyre

Un extrait des *Guerres civiles* d'Appien prouve qu'à l'époque de Marc Antoine, au Ier siècle avant J.-C.,

Palmyre ne devait pas faire partie de l'Empire romain mais qu'elle était une ville riche, convoitée et probablement indépendante, à moins qu'elle ne fût rattachée au royaume des Parthes.

L'historien Appien précise qu'Antoine envoya son armée à Palmyre pour la piller. Il semblait, en effet, se méfier de ces Palmyréniens retors qui prenaient aussi bien le parti des Romains que des Parthes. S'il reconnaissait que les Palmyréniens vendaient volontiers leurs produits en provenance des Indes aux Romains, il n'en souhaitait pas moins tirer un fabuleux butin du pillage de la ville. Apprenant le danger qu'ils couraient, les Palmyréniens quittèrent leur ville et emportèrent leurs biens au-delà de l'Euphrate, se plaçant ainsi sous la protection des Parthes. Ils disposèrent leurs habiles archers le long du fleuve[1]. On imagine sans peine quelle fut la colère d'Antoine qui pénétra dans une ville provisoirement abandonnée par ses habitants. Ce n'était guère là ses conceptions de la victoire.

En revanche, une inscription trouvée dans le sanctuaire du dieu Bêl au bas d'une statue de Tibère accompagné de son fils Drusus et de Germanicus prouve qu'à l'époque de Tibère Palmyre était romaine.

Grâce à l'historien Tacite[2], on sait aussi que Germanicus se rendit en Arménie à la fin de sa vie et que les Romains haïssaient les Arméniens et les

1. Appien, *Guerres civiles*, V, 9.
2. *Annales*, II, LXIV-LXIX.

Parthes. Germanicus alla, ensuite, en Égypte. Peut-être connaissait-il Palmyre.

Plusieurs inscriptions rappellent la mainmise des Romains sur Palmyre : celle du légat Silanus qui aurait délimité le territoire palmyrénien à l'époque d'Antonin le Pieux ou celle du légat Traianus qui fit aménager la route Palmyre-Soura. Au Ier siècle un contrôleur des impôts romain habitait à Palmyre où se trouvait une garnison constituée aussi bien de Romains que de Thraces et de Gaulois. Des archers palmyréniens venaient grossir ces contingents romains. Certains de leurs chefs eurent droit à des dédicaces retrouvées sur la place publique de Palmyre.

Palmyre dut atteindre sa splendeur sous le règne d'Hadrien qui reprit une politique de paix. Elle fut même appelée à cette époque Hadrienopolis, « la ville d'Hadrien », pour rendre hommage à l'empereur qui l'avait embellie. Hadrien aimait sans doute se rendre à Palmyre. Il reste plusieurs témoignages de ses passages dans cette ville alors rutilante de blancheur et d'or où les volutes rivalisaient avec les bas-reliefs, tous plus magnifiquement travaillés les uns que les autres. La ville était ornée des plus beaux monuments, de colonnades, d'arches et de statues. Les villas étaient aussi belles qu'à Rome. Les jardins intérieurs étaient entourés de bustes en marbre. Les riches notables et les marchands vivaient plus volontiers au nord de la rue principale. Le confort des pièces était étonnant : fresques sur les murs, mosaïques au sol rehaussaient la sobriété du mobilier fait de lits, de tables et de chaises. Lampes, poteries, jarres, amphores datant de l'époque hellénistique ou romaine ont été retrouvées ainsi que des objets en verre venant plus souvent d'autres villes de Syrie.

Tous ces hommes vivant dans l'opulence étalaient leurs richesses et aimaient déambuler dans les rues, la toge repliée sur le bras, selon la mode romaine. Leurs femmes arboraient des étoffes de soie jetées sur leurs épaules et des turbans ornés de pierres précieuses.

Les Palmyréniens paraissaient apprécier l'empereur Hadrien si l'on en croit les nombreux hommages qui lui furent rendus lors de fêtes données en son honneur. Le temple de Baalshamin, dont la construction fut ordonnée par le marchand M. Agrippa, fut même bâti pour commémorer ces jours de fêtes. Assumer les frais d'une telle construction montre assez combien les marchands étaient riches. M. Agrippa y gagna d'entrer dans la postérité.

III

L'Orient et Rome

La dynastie perse des Achéménides et celle des Arsacides

Les Perses et les Mèdes apparaissent dans les textes pour les premières fois au IXe siècle avant J.-C. dans les Mémoires des rois assyriens. On y apprend qu'un Mède s'imposa au VIIe siècle et battit les Perses. La tribu des Achéménides se révolta en vain et dut se soumettre aux Mèdes. Cyrus renversa la situation au VIe siècle avant J.-C. Il s'empara du trésor de Crésus, de la Lydie et de Babylone. À sa mort, ses deux fils convoitèrent le trône. Cambyse l'emporta sur son frère. Puis le commandant Darius, lié aux Achéménides, prit le pouvoir.

Après avoir fait quelques réformes fiscales et mis en place un système d'impôts, il s'empara de Milet et décida de combattre les Athéniens hostiles aux Perses. À Darius succédèrent Xerxès puis Artaxerxès Ier. Artaxerxès III prit le pouvoir vers 359. Il soumit l'Égypte qui jouait la carte de l'indépendance, ainsi que Sidon et s'apprêtait à combattre les Grecs lorsque

Philippe de Macédoine s'imposa. Dès 330 avant J.-C., la dynastie des Achéménides avait cessé de régner. À la mort d'Alexandre le Grand en 323 avant J.-C., les généraux grecs se partagèrent l'empire. Séleucos hérita d'un territoire immense s'étendant de l'Indus à la Méditerranée.

Très vite, les Séleucides mirent le pays sous le contrôle de gouverneurs chargés de collecter des impôts. Après avoir supporté ce joug pendant plus de cinquante ans, les autochtones se révoltèrent contre les exigences des Séleucides. Arsace prit la tête de cette révolte. Son frère Tiridate lui succéda au bout de deux ans. Il l'emporta sur Séleucos II Callinicos après avoir levé des troupes. Tiridate régna pendant trente-sept ans à Hécatompylos. Artaban Ier, lui succéda. Mais Antiochos III le Grand l'obligea à se retrancher chez les nomades. Regroupant une puissante armée, Artaban reconquit son territoire.

Sous Phraate Ier puis Mithridate à partir de 171 avant J.-C., les Parthes étendirent leurs possessions en profitant des dissensions entre Romains et Séleucides. L'empire séleucide n'existait quasiment plus. La dynastie moribonde ne possédait plus guère que la Syrie. Mithridate put conquérir la Médie et soumettre les Babyloniens. Il attaqua également le puissant royaume de Bactriane qu'il convoitait depuis longtemps. En 141 avant J.-C., décidant de faire de l'Euphrate les limites de son empire, il entra à Séleucie et se fit acclamer roi des rois.

Quelques années plus tard, alors que les Arsacides

perdaient de leur pouvoir et de leur territoire, Mithridate II s'imposa. De 120 à 115 avant J.-C., il repoussa les barbares. Après une période plus calme, les Arsacides traitèrent avec les Romains qui convoitaient l'Arménie.

Les Romains entrent en Orient

Attale III roi de Pergame avait décidé de donner son royaume aux Romains. Comme la Cappadoce était menacée, Sylla fut envoyé en Asie. Il continua sa route en direction de l'Euphrate et signa un traité avec Mithridate II, inquiet de voir ainsi s'approcher les troupes romaines et Sylla qui reconnut l'Euphrate comme la limite du territoire parthe.

Ceux qui étaient susceptibles de prendre la succession de Mithridate II étaient nombreux. Le vieux Sinatruc fut finalement proclamé roi des Parthes. Il sut imposer sa sagesse et ses lois. Phraate III régna après lui. Mithridate du Pont, en guerre contre Rome, sollicita alors son aide contre les Romains. Lucullus, qui avait remplacé Sylla à la tête des troupes romaines, prévint Phraate III de ce qui l'attendait s'il acceptait cette alliance contre Rome. Phraate III préféra prendre le parti de Lucullus et signer un nouveau traité avec Rome. Mais Lucullus se méfiait des Parthes qu'il ne connaissait guère. Aussi envoya-t-il à la cour de Phraate des ambassadeurs qui furent assez mal reçus. Furieux, Lucullus voulut aussitôt entrer en guerre contre Phraate. Il fut remplacé par Pompée qui s'empressa de signer le traité de paix avec les Parthes.

Malgré cette nouvelle alliance, Pompée refusa de soutenir Phraate.

En 57 avant J.-C. Phraate III fut assassiné par ses deux fils. Mithridate III monta finalement sur le trône mais il se montra si insupportable qu'on lui préféra Orode. Orode héritait d'un territoire immense et d'une puissante armée. Comme il tentait de prendre Séleucie avec l'aide du Romain Gabinius, Mithridate fut finalement mis à mort par son frère.

Le Romain Crassus obtint à cette époque la direction de la Syrie par un décret daté de 55 avant J.-C. qui lui laissa toute liberté d'agir en Parthie. Il décida de franchir l'Euphrate avec quarante mille hommes et de remarquables conseillers et généraux. Il s'installa à Antioche où il reçut ses alliés. Toutefois, Crassus lanterna, ce qui permit au roi parthe de s'organiser.

La Parthie

Plutarque insiste sur le fait que Marcus Crassus se comporta en Syrie comme un rentier, non comme un général, et qu'il laissa à l'ennemi le loisir de se préparer au combat. Le Romain avait mésestimé toutes les embûches qu'il pouvait rencontrer. Il quitta enfin ses quartiers d'hiver de Syrie. Artabaze, le roi d'Arménie, accepta de laisser l'armée de Crassus traverser son territoire. Il lui conseilla même un itinéraire et lui promit de l'approvisionner. Au lieu de l'écouter,

Crassus marcha vers la Mésopotamie avec sept légions et se laissa berner par un faux guide envoyé par les Parthes. Celui-ci entraîna l'armée romaine sur une piste dépourvue d'eau. Près de Carrhae, l'armée parthe anéantit les Romains.

Crassus tira plusieurs leçons de ce fâcheux événement. Il comprit que ses hommes ne devaient pas combattre dans le désert à la légère, qu'il leur fallait éviter les fortes chaleurs, recourir à des guides fiables et prévoir un approvisionnement en eau suffisant. Leurs armes, lourdes et encombrantes, n'étaient guère efficaces sous un soleil de plomb. Il fallait, enfin, faire face à des maladies comme la dysenterie, la malaria, le choléra, la typhoïde.

Les Romains devaient aussi rechercher des alliés parmi les peuples proches des Parthes et leur offrir, si nécessaire, le titre d'« Ami du peuple romain ». C'est ainsi que certaines familles reçurent des titres militaires et que de hauts personnages ou des fils de princes purent parfaire leurs études à Rome. Les Romains se méfiaient, toutefois, de ces peuples changeants qui auraient tout aussi bien pu devenir les alliés des Parthes.

Auguste finit par reprendre aux Parthes les étendards que Crassus avait perdus. À la suite de quoi Orode choisit l'un de ses trente fils pour régner en Parthie et lui donna le titre de Phraate IV. L'ignoble successeur fit mettre ses frères à mort et empoisonner son père. Encouragé par le roi d'Arménie, Antoine décida de marcher contre les Parthes mais il subit, avant même d'avoir passé l'Euphrate, une cuisante défaite. Malgré sa victoire, Phraate IV dut fuir la révolte de son peuple et se réfugier chez les Scythes. Octave écouta ses plaintes et sut créer des relations d'amitié avec lui.

Le royaume parthe regroupait alors l'Arménie, la Médie Atropatène, l'Hyrcanie, la Sacastène, la Perse et quelques petits royaumes comme l'Adiabène, l'Osroène, le Charax et l'Elymaïde. D'autres régions étaient dirigées par des gouverneurs ou des tyrans. Autour du roi des rois un conseil de sages et de chefs prenait les décisions. La société était divisée en quatre classes : celle des prêtres, celle des soldats, celle des paysans et celle des artisans. Les paysans venaient grossir l'armée en temps de guerre. Quant au maître de maison, il avait plusieurs femmes sur lesquelles il avait droit de vie et de mort. Il n'était pas rare qu'un frère se mariât avec sa sœur.

L'Orient était alors imprégné des pensées et des croyances helléniques. Les Parthes se recommandaient d'Ahoura-Mazda, le dieu tout-puissant, parfois représenté avec le roi des rois. Ils adhéraient volontiers aux conclusions que le Bien devait vaincre le Mal. Mais les Parthes connaissaient aussi des recueils de conseils pour lutter contre les démons.

Octave dut respecter ces traditions et promettre au roi parthe de ne pas passer l'Euphrate.

Quelques années plus tard, le général de Néron, Corbulon, régla, quant à lui, la question arménienne.

En 106, Trajan annexa le territoire des Nabatéens, en 114 l'Arménie, la Judée, le Caucase et le Bosphore. Des garnisons furent mises en place dans la plupart des villes. Mais traverser l'Euphrate pour conquérir la Parthie relevait toujours de l'exploit.

IV

Des épouses syriennes

Le contexte romain et la dynastie des Sévères

Après le règne de Commode (176-192) et la crise qui suivit, Septime Sévère devint empereur en avril 193. Il régna jusqu'en février 211. Il était issu d'une famille de chevaliers romains originaires de Leptis Magna (dans l'actuelle Libye). D'autres membres de sa famille avaient fait une carrière consulaire.

Septime Sévère eut deux épouses : Paccia Marciana qui mourut jeune et, dès 187, une Syrienne, Julia Domna, qui lui donna plusieurs enfants dont Geta et Caracalla. La famille de Julia Domna était riche et célèbre. Elle était liée à celle des grands prêtres du dieu Bâal. Julia Domna était elle-même cultivée et intelligente.

Septime Sévère fit une carrière brillante. Il fut questeur en Sardaigne, légat de Carthage en 174, tribun de la plèbe, préteur en 178. Il rejoignit alors la Syrie en tant que légat sous le règne de Commode. Tombé en disgrâce, il poursuivit ses études jusqu'en 185 où il gouverna la Lyonnaise.

Il devint ensuite gouverneur de Sicile dès 189 puis consul suffect. En 191, il fut nommé gouverneur de la Pannonie supérieure. À la tête d'une importante armée, Septime Sévère, qui avait pris le parti de Pertinax, successeur de Commode, fut acclamé empereur par ses hommes. Septime Sévère eut alors deux adversaires : le gouverneur de Bretagne et surtout Pescennius Niger, alors gouverneur de Syrie, qui fut, lui aussi, déclaré empereur par son armée à Antioche. Niger avait l'Orient de son côté. Les Parthes l'assurèrent de leur appui. Pour se débarrasser de l'adversaire qui lui paraissait le moins redoutable, Septime Sévère offrit au gouverneur de Bretagne le titre de César. Il partit combattre Niger en Thrace et en Asie de juin 193 à novembre 194. Ne se contentant pas de la mort de Niger, Septime Sévère combattit ses alliés, fit de la haute Mésopotamie une province et acquit, après cette première guerre parthique, le titre de « Parthique arabicus et adiabénicus ».

Après avoir dominé l'Orient, Septime Sévère pouvait enfin combattre le gouverneur de Bretagne, Albinus, qu'il vainquit à Lyon en 197, à cinquante-deux ans. Septime Sévère associa à son règne le futur Caracalla qui participa à la Seconde Guerre parthique. Celle-ci se termina par la prise de Ctésiphon. Septime Sévère resta plusieurs mois en Orient. Il avait nommé son aîné Auguste et Geta César. Septime Sévère mourut en Grande-Bretagne à l'issue d'une ultime victoire.

COMMODE (161-192)

* Pertinax
* Didius Julianus
* Pescennius Niger
* Claudius Albinus

EMPEREURS en 193

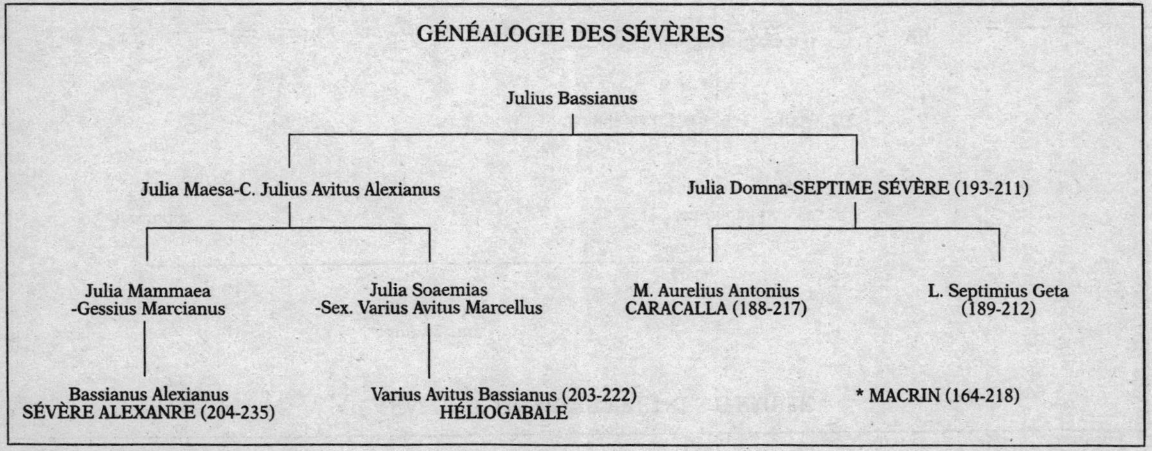

* Empereurs hors dynastie

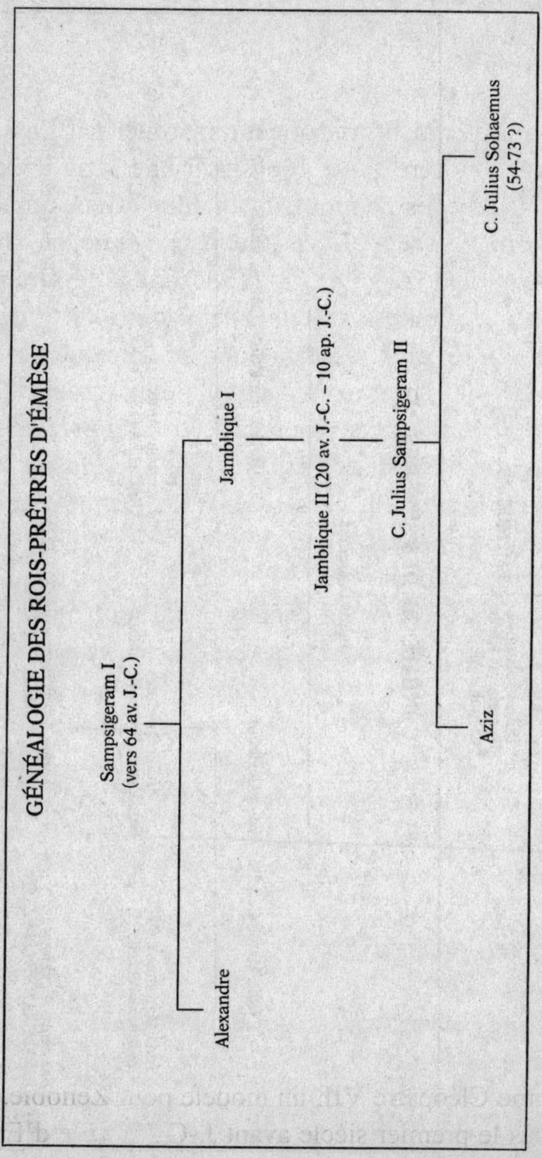
GÉNÉALOGIE DES ROIS-PRÊTRES D'ÉMÈSE
Sampsigeram I
(vers 64 av. J.-C.)
Jamblique I
Alexandre
Jamblique II (20 av. J.-C. – 10 ap. J.-C.)
C. Julius Sampsigeram II
C. Julius Sohaemus
(54-73 ?)
Aziz

Caracalla

Caracalla se fit tristement remarquer par l'assassinat de son frère Geta. S'ensuivit une série d'exécutions d'hommes politiques favorables à Geta. Caracalla s'illustra de 211 à 217 en Rhétie, en Mésie, en Thrace et en Orient. Admirateur d'Alexandre le Grand, il voulait égaler ses exploits. L'empereur eut l'idée de contacter le roi de Parthie pour lui demander sa fille en mariage et mettre en commun leurs forces et leurs ressources. Malheureusement, cette tentative échoua. Caracalla affronta les Parthes et se rendit en haute Mésopotamie où il fut assassiné sur l'ordre du préfet du prétoire Macrin.

Caracalla avait épousé Plautille lorsqu'il avait quatorze ans. Celle-ci fut condamnée à mort juste après la disparition de Septime Sévère. Julia Domna seconda alors son fils à la tête de l'empire. Certains historiens en conclurent que Caracalla avait épousé sa mère ; d'autres rapportèrent qu'il entretenait des relations avec sa cousine Julia Soaemias. Julia Domna se suicida en apprenant sa mort.

Les rois-prêtres d'Émèse

Il est, cependant, important de revenir sur cette femme exemplaire originaire d'Émèse qui dut être, comme Cléopâtre VII, un modèle pour Zénobie.

Dès le premier siècle avant J.-C., la ville d'Émèse

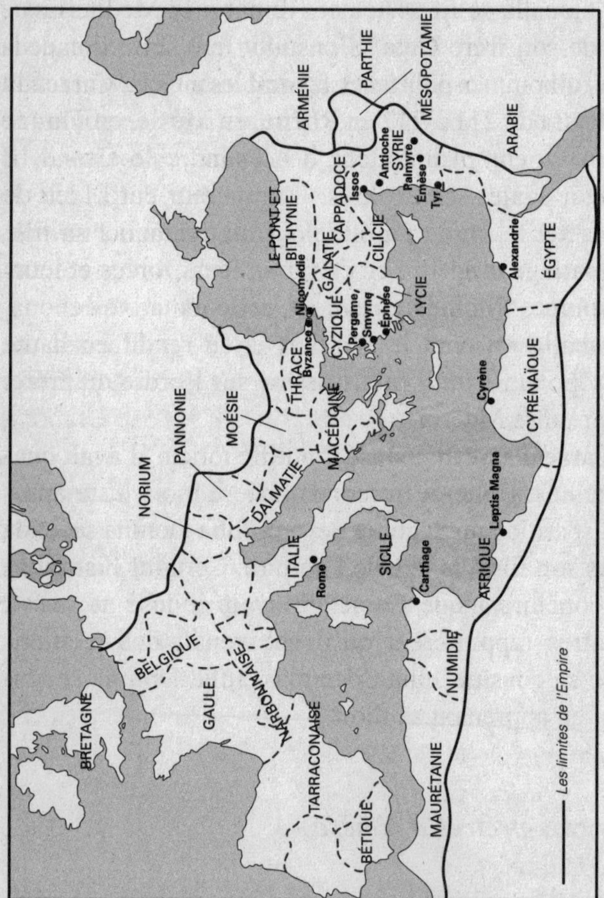

L'Empire romain sous les Sévères

s'était imposée. Les Émésiens, dirigés par des rois-prêtres, étaient alors en conflit avec les derniers Séleucides, qui régnaient depuis le IVe siècle sur un empire qui s'étendait, au début, de l'Indus à la Méditerranée et qui se limitait désormais à la Syrie. L'annexion de la Syrie par le romain Pompée en 64 avant J.-C. marquait la fin de leur pouvoir. Les derniers rois séleucides ne gouvernaient plus qu'Antioche. Or, Antiochus XIII « l'Asiatique » était haï de ses sujets. Parce que le peuple voulait le remplacer par un certain Philippe, Antiochus réclama en vain l'aide de Sampsigeram, roi-prêtre d'Émèse.

Bien que Pompée envisageât, tout d'abord, de redonner leur titre aux Séleucides dont le premier avait été un brillant général d'Alexandre le Grand, il hésita, finalement, à porter assistance à Antiochus menacé par Sampsigeram. Il finit par s'en désintéresser et par laisser le roi-prêtre emprisonner l'Asiatique. Émèse devint une ville importante sous la direction des phylarques, chefs de tribus, qui acceptèrent de traiter avec Pompée chargé de réorganiser l'Orient. Ces rois-prêtres étaient en perpétuel conflit avec les Arsacides. Pompée respecta la liberté d'Émèse. En échange, la ville versa un tribut à Rome.

Pendant les guerres civiles qui opposèrent César à Pompée et Octave à Antoine, Jamblique succéda à Sampsigeram. Comme celui-ci prenait le parti de César puis celui d'un ancien général de Pompée prêt à combattre César avec les Parthes et les Syriens, Marc Antoine le fit assassiner. Après la bataille d'Actium, les phylarques perdirent leur pouvoir. Alexandre, le successeur de Jamblique, fut arrêté et incarcéré dans le Tullianum, le cachot de Rome.

Octave Auguste s'intéressa de nouveau à la dynastie des rois-prêtres d'Émèse en l'an 20 avec Jamblique II. Il comptait, en effet, multiplier les alliés romains qui pouvaient aider les administrateurs de l'empire. Sampsigeram II, qui régna après Jamblique II, reçut même la citoyenneté romaine. Son fils, Sohaemus, combattit les Parthes avec les Romains. Les premières pièces romaines d'Émèse firent même leur apparition sous Antonin le Pieux, empereur en 138. Après la mort de Sohaemus en 73 on perd la trace de ces rois-prêtres d'Émèse jusqu'à Julius Bassianus, le père de Julia Domna qui se disait, comme les précédents, le premier des dynastes de Syrie. Plus tard, en 253, un descendant de cette famille de rois-prêtres, Uranius Antoninus, réclama le pouvoir. Le philosophe néoplatonicien Jamblique affirmait, lui aussi, être lié à ces adorateurs du dieu solaire. Quant à Émèse, son prestige ne faisait que croître.

Les archers d'Émèse étaient réputés. Cherchant à rivaliser avec des cités brillantes comme Apamée, Antioche, Héliopolis ou Aréthuse, nomades et chameliers portaient jusqu'à Palmyre des pierres précieuses, du parfum, des aromates, de l'encens, de la soie, du cinnamone et des fruits.

Le temple d'Émèse était orné d'or, d'argent et de pierres précieuses. Les rois-prêtres exerçaient leurs rituels en longue tunique pourpre brodée d'or. Ils honoraient le bétyle, une pierre noire tombée du ciel, symbole du soleil. Cette pierre était revêtue de voiles. Elle apparaît sur les monnaies avec Hélios, le Soleil, qui, selon les Émésiens, habitait la montagne. Les paysans et les artisans d'Émèse versaient probablement des redevances aux grands prêtres pour couvrir les frais du culte solaire.

Comme les autres Syriens, les Émésiens adoraient aussi Allath, déesse de la guerre et de la nature, et les Bâalats, déesses de l'amour assimilées à Aphrodite. La déesse de la nuit était représentée sur les façades des temples à l'aide d'un croissant. Ces cultes venaient peut-être de Babylonie ou d'Égypte. À Palmyre était également vénérée la triade Soleil-Monimos (assimilé à Hermès)-Aziza (assimilé à Arès).

Julia Domna

Julia Domna était très instruite. Elle connaissait la comptabilité, l'économie, la philosophie et elle appréciait les hommes lettrés. Elle était également très attentive à toute forme de croyance religieuse. Très attirée par Antioche, elle y écoutait les propos de Paul de Tarse. Après les exploits de Septime Sévère, elle fut nommée « Mère des camps » et manœuvra pour imposer ses fils. Elle était représentée sur les pièces de monnaie avec son époux. Elle devint aussi la Mère des dieux et mit en avant toutes les vertus romaines. Elle était la fondatrice des villes, celle qui s'occupe des lois.

Elle possédait des temples dans toutes les régions.

Certaines villes furent débaptisées pour porter son nom. Elle recevait des offrandes comme une déesse. Partout, des statues à son effigie se multipliaient. Populaire et habile politique, elle savait aussi influencer son mari. Cette façon de s'imposer ne plaisait pas à l'entourage de Septime Sévère. Certains tentèrent de l'éliminer. Mais Julia Domna sut se défendre. Elle s'entoura, lors de son séjour à Athènes, des meilleurs savants, avocats, critiques d'art, juristes et poètes. Plutôt que d'abdiquer après l'assassinat de Caracalla, Julia préféra s'empoisonner.

Macrin

Les autres Julia laissèrent leurs marques dans l'histoire et ne manquèrent pas, elles aussi, d'influencer Zénobie. La sœur de Julia Domna, Julia Maesa, avait un caractère autoritaire, le pouvoir l'attirait. Elle était très habile en politique et n'hésitait pas à manœuvrer pour arriver à ses fins. Moins orientale que Julia Domna, elle connaissait parfaitement la politique romaine. Très attachée aux principes, ferme, les traits plus durs encore que ceux de Julia Domna, elle sut mettre l'armée de son côté à force de dons.

Macrin devint empereur le 11 avril 217. Il fut, à son tour, assassiné quinze mois plus tard. Après des études de droit, Macrin était devenu avocat. Il s'était occupé des affaires de Plautien, le beau-père de Caracalla, avant d'obtenir des postes importants dont celui de préfet du prétoire. Simple chevalier, il accédait donc au poste suprême. Au lieu de revenir à Rome et de s'intéresser aux affaires de l'État, Macrin s'installa à Antioche, réputée pour être alors une ville de plaisirs. Il adopta les mœurs de la région et s'habilla avec des vêtements ornés de broches, d'or, de pierres précieuses. Il portait même une boucle d'oreille à la manière des Maures.

Macrin échoua contre le roi des Parthes Artaban. Grâce aux manœuvres de Julia Maesa, Héliogabale prit le pouvoir le 15 mai 218 à Émèse où Macrin envoya ses troupes pour le battre. La lutte se poursuivit à Apamée. Macrin dut fuir. Il fut rattrapé et tué.

Héliogabale et le pouvoir des Julies

Héliogabale était le fils de Julia Soaemias, fille de Julia Maesa. Cette famille reprenait donc le pouvoir à Rome trois ans avant la naissance d'Odénath, le futur époux de Zénobie.

Très présentes dans l'entourage de l'empereur, les Julies étaient retournées vivre à Émèse après l'avènement de Macrin. Elles appartenaient à l'aristocratie de la ville. Leur famille était si puissante qu'elle contribuait au choix du chef de la cité qui était aussi le Grand Prêtre chargé du respect du culte. Elles entretenaient de si bons rapports avec Rome que les Romains leur avaient donné la citoyenneté romaine et le droit de conserver leur nom de Julia.

Héliogabale avait hérité du titre de Grand Prêtre avant de devenir empereur. Il portait le nom du dieu dont il assurait le culte : un dieu avant tout solaire. Julia Maesa aida son petit-fils à gouverner. Elle écrivit même le discours qu'il devait prononcer au Sénat lors de son avènement. Elle remplaça des sénateurs peu dignes de confiance par des chevaliers fidèles. Toutefois et malgré l'insistance de Julia Maesa, l'empereur attendit plusieurs mois avant de rejoindre Rome. Il préférait vivre à Émèse ou à Antioche.

Pendant le voyage qui la conduisit à Rome et qui ressemblait à une procession orientale, Héliogabale tint à porter ses vêtements de Grand Prêtre. Il transportait aussi la Pierre Noire d'Émèse, symbole de son dieu « la divinité des monts ». Le parcours d'Héliogabale rapporté par Hérodien et Dion Cassius est symbolique. Le nouvel empereur tint à s'arrêter à Hiérapolis pour honorer Artémis, la déesse de la nuit accueillant le Soleil puis il établit un culte en l'honneur du Soleil à Faustinopolis.

Arrivé à Rome, Héliogabale fit bâtir un temple en l'honneur du dieu syrien dans lequel il déposa la Pierre Noire. Il prit le titre de « Sacerdos » et tenta de donner aux dieux romains les fonctions des dieux syriens dans un syncrétisme total. Le dieu d'Émèse devenait le dieu principal de Rome à la place de Jupiter.

Héliogabale ne se contenta pas d'un temple pour célébrer son dieu. Il en fit construire un second. Une fois par an, la Pierre Noire d'Émèse était ainsi portée d'un temple à l'autre. Hérodien[1] rapporte que le dieu était déposé dans un char orné de pierres précieuses

1. Hérodien, V, 6, 3.

et transporté dans les environs de la ville. Le char était conduit par six chevaux blancs, dépourvus de tache et ornés de brides en or. Personne ne devait monter dans ce char. Héliogabale courait devant le véhicule et surveillait le dieu en se retournant et en tenant les rênes des chevaux. Des gardes formaient de chaque côté une barrière de protection tandis que le peuple portait des torches et jetait des fleurs.

Julia Maesa régna à la place de son petit-fils. Elle l'accompagnait dans la Curie et siégeait à côté des consuls. Elle contresignait même le compte rendu de chaque séance. Julia Soaemias était devenue la « Mère du Sénat ». Non seulement les Syriennes administraient l'empire mais elles attribuaient les titres et les honneurs et participaient aux cultes religieux. Elles s'entouraient de philosophes et de savants. Julia Soaemias décidait aussi quel véhicule de transport devait être attribué aux uns et aux autres et interdisait, parfois, à certains de porter des chaussures d'or.

Les Romains, qui adoraient déjà le dieu Mithra, acceptèrent sans réticence le dieu d'Héliogabale. Ils reprochaient, toutefois, à l'empereur de vouloir le substituer à Jupiter. Ses exigences religieuses jointes à un comportement peu recommandable déplurent aux sénateurs. Héliogabale choisit même comme deuxième épouse une Vestale sans tenir compte des règles romaines. En outre, il affichait des mœurs homosexuelles.

Comprenant combien il devenait impopulaire, Julia Maesa lui conseilla d'adopter son jeune cousin Alexandre Sévère et de lui laisser le pouvoir politique. Lui-même pouvait se contenter du culte du dieu émésien. Tout d'abord favorable à cette idée, Héliogabale se révolta finalement contre sa mère, contraignant les soldats à le tuer.

Alexandre Sévère et Julia Mammaea

Alexandre Sévère était le fils de Julia Mammaea, fille de Julia Maesa et d'un Syrien, Gessius Marcianus. Il devint empereur en mars 222. Julia Mammaea était sévère, dominatrice et intransigeante. Avec Julia Maesa, qui s'occupait entre autres du ravitaillement de Rome, elle constitua un conseil de seize sénateurs. Toutes deux dirigeaient l'armée, l'administration, la politique et le gouvernement et préféraient se plier aux coutumes romaines plutôt que d'imposer celles d'Émèse.

Julia Maesa mourut en 226. Ses funérailles furent exceptionnelles. Elle fut placée au rang des immortelles. Julia Mammaea eut des titres plus importants encore que ceux des précédentes Julia. Son nom fut donné à une cohorte. Elle était Augusta et Mère du genre humain.

Julia Mammaea était très attentive à son image. Sur les monnaies, elle était représentée avec le Bonheur et la Destinée. Respectueuse de toutes les religions, peut-être même était-elle chrétienne. Eusèbe et Zosime insistent sur sa vertu, sa piété et son rejet de la violence. Son principal vice était son avarice. Elle

Repères chronologiques

180 (17 mars) : Marc Aurèle meurt de la peste.
182 : Septime Sévère légat de la IVe légion scythique de Syrie.
187 : Gouverneur de Gaule lyonnaise, il épouse Domna.
188 (4 avril) : Naissance du futur Caracalla.
193 : Helvius Pertinax empereur.
28 mars : Assassinat de Pertinax.
13 avril : Les légions de Pannonie saluent leur chef, Septime Sévère, empereur.
197 : Sévère l'emporte sur ses rivaux.

211 (4 février) : Mort de Sévère à York.
212 : Geta assassiné par son frère Caracalla. La *Constitutio Antoniniana* accorde le droit de cité romaine à tous les sujets de l'empire.
214 (9 septembre) : Naissance d'Aurélien.
216 : Caracalla contre le roi des Parthes à qui il a demandé la main de sa fille.
217 (8 avril) : Caracalla assassiné en Mésopotamie.
11 avril : Macrin empereur.
Été : Julia Domna se laisse mourir à Antioche. Héliogabale Grand Prêtre d'Émèse.
218 (8 juin) : Battu, Macrin prend la fuite. Il sera égorgé en Cappadoce.
9 juin : Héliogabale entre à Antioche.
Été : Héliogabale part pour Rome avec le bétyle d'Émèse.
219 (été) : Il fait bâtir un sanctuaire sur le Palatin pour la Pierre Noire d'Émèse.
221 (juillet) : Adoption d'Alexianus, futur Sévère Alexandre, par Héliogabale.
222 (1er janvier) : Héliogabale revêt le consulat avec Alexianus mais refuse de prononcer les vœux solennels.
13 mars : Assassinat d'Héliogabale au camp des prétoriens. Alexianus devient empereur.
226 : Mort de Julia Maesa.
235 (18 mars) : Mort de Sévère Alexandre et de sa mère assassinée par les soldats.
Aurélien instaurera le culte de Sol Invictus *en 274.*

s'emparait des biens d'autrui et des héritages dans le seul souci de renflouer les trésors de l'État.

Pendant le règne d'Alexandre, le roi perse Ardachir s'imposa. Ce descendant de Sassan, devint Grand Prêtre de Persépolis et premier roi de la dynastie des Sassanides. Il avait l'ambition de conquérir un immense empire et avait pour modèles Cyrus ou Darius. Il se disait encouragé par Zoroastre. Ardachir, roi des rois, assiégea Nisibis, pilla la Mésopotamie et la Cappadoce. La guerre persique débuta en 231 ou en 232. Mammaea encouragea son fils et mobilisa les troupes. Les armées romaines devaient agir en Médie, en Mésopotamie et à Ctésiphon. Palmyre, qui se tenait généralement en dehors des conflits, se trouva prise dans la tourmente. Un texte de l'an 242 figurant sur une colonne de la Grande Colonnade rappelle sans doute ces événements en mentionnant le passage de Sévère Alexandre dans la cité, le détachement de légionnaires et l'arrivée dans la ville du commandant Rutilius Crispus.

Puis Mammaea accompagna Alexandre qui se rendit en Gaule où il se heurta à Maximin et à ses hommes. Malgré leurs treize ans de règne plutôt appréciés, Alexandre et Mammaea furent assassinés. Odénath était alors adolescent.

Les Sévères avaient régné grâce aux Syriennes, ces femmes dominatrices, maternelles, austères, avides de pouvoir. Elles étaient présentes dans les campagnes, les conseils de guerre, les assemblées et les tribunaux. Zénobie allait s'en souvenir et calquer ses ambitions sur les leurs.

Les Sassanides

Avec Ardachir commençait la dynastie perse des Sassanides, du nom de Sassan qui s'était probablement installé à Ctésiphon. Ardachir se fit respecter en Carmanie. Il domina la Characène et la Mésène et répandit le mazdéisme dans ces régions. En 237, Ardachir continua ses conquêtes, prenant Nisibis et Carrhae.

Abou-Mansour-al-Houssein dit El-tha'alibi, auteur d'une *Histoire du Monde* où se mêlent histoire et légendes, rapporte que Sassan était l'un des soldats d'un certain Papak qui gouvernait une province. Tous deux se racontèrent un rêve commun qui prédisait à Sassan un grand pouvoir. Aussi Papak unit-il sa fille à Sassan. Il eut un fils, Ardachir, à qui il donna une si bonne éducation qu'Artaban le Grand le fit venir à sa cour. Mais Artaban prit vite ombrage de cet adolescent habile à la chasse et plein d'esprit. Le jugeant supérieur à ses propres fils, il le tint à l'écart et lui donna des fonctions subalternes. Quand il apprit la mort de son père, Ardachir jugea normal de prendre sa succession. Mais Artaban ne la lui accorda pas. Aussi Ardachir décida-t-il de s'enfuir et de s'emparer du pouvoir. Il entra dans la ville d'Istakr où il soumit les soldats et le peuple puis il partit assiéger Dodjaïl dans laquelle s'était réfugié Artaban. Il l'obligea à sortir et le tua.

Ardachir reçut alors les notables et remercia la divinité de lui avoir donné le pouvoir. Il se promettait de régner sous le signe de l'équité et de la bonté. Il fit quelques réformes administratives et envoya des troupes aux frontières. Grâce aux tributs versés par les royaumes soumis, il restaura son pays. Impitoyable envers les tyrans, sage et honnête, il voulait faire de son empire un domaine stable. Il parlait aisément et écrivait souvent. Il observait volontiers les sagesses orientales : pour être bien reçu, disait-il, il fallait savoir recevoir ; point de gloire pour un souverain qui n'est pas respecté par son peuple ; les rois doivent se montrer généreux parce qu'ils en ont la possibilité ; le pouvoir d'un roi existe grâce à l'appui de la religion ; les impôts sont nécessaires à l'État.

Selon le même chroniqueur, Ardachir fit réunir des textes de médecine et d'astronomie. Il désigna ceux qui rendraient la justice et ordonna de respecter la religion. Il fonda de nombreuses villes.

Le poète Firdousi (vers 935-vers 1020) et le juriste Al Tabari (839-923), dans sa *Chronique universelle*, donnent une version très proche de la naissance de Sapor qui serait né d'Ardachir et d'une femme qu'Ardachir aurait condamnée à mort. Le serviteur chargé de son exécution préféra, cependant, la protéger. Ce Sapor allait devenir l'un des principaux ennemis d'Odénath et de Zénobie.

*
* *

Les Palmyréniens pouvaient être d'un grand secours aux Romains contre de tels adversaires car l'armée perse était une formidable puissance. Hérodien rappelle qu'il s'agissait d'une armée entraînée. Les paysans constituaient l'infanterie, les membres de l'aristocratie la cavalerie. À la fin des conflits, chacun retournait à ses occupations, enrichi par les butins de guerre. Ils portaient des armes qui les protégeaient de la tête aux pieds. Leurs chevaux étaient également recouverts d'une armure. Quelques années plus tard, Amien Marcellin donna une description des guerriers de cette armée qui utilisaient des lances, des casques et qui se recouvraient le corps de plaques de métal.

Mais Ardachir était d'autant plus redoutable qu'il prétendait avoir reçu une mission : celle de dominer l'Asie et d'en chasser les Romains.

V

La Syrie et Rome

La crise du IIIe siècle

Les sources évoquant cette période troublée restent rares. Le récit d'Hérodien s'arrête au règne de Gordien III. Il peut être complété par des auteurs comme Zosime, Zonaras ou Malalas et par l'*Histoire Auguste* parfois confuse. L'épigraphie et la numismatique demeurent des références plus dignes de foi.

De nombreux empereurs romains se succédèrent dans les années qui suivirent la dynastie des Sévères, à commencer par le rustre Maximin, un ancien paysan thrace qui fit une carrière militaire.

En 238, l'Afrique se révolta et choisit comme Auguste le gouverneur Gordien Ier et son fils Gordien II. La réaction de Maximin ne se fit pas attendre. Gordien II fut tué et Gordien Ier se suicida. Le Sénat nomma deux nouveaux Auguste : Pupien et Balbin.

Pupien partit combattre Maximin qui dut faire face à la mutinerie de ses propres soldats. Il fut assassiné avec son fils. Son règne n'avait duré que trois mois.

Les origines de la famille des Gordien sont obscures. Peut-être était-elle anatolienne ou cappadocienne. Gordien Ier était très âgé lorsque les soldats le nommèrent à la tête de l'empire. Consul suffect sous Héliogabale, il était devenu proconsul d'Afrique sous Alexandre Sévère. À sa mort, le peuple romain réclama la nomination du petit-fils de Gordien Ier, Gordien III, qui n'avait alors que treize ans. Gordien III devint César aux côtés des deux Auguste choisis par le Sénat. Les prétoriens, insatisfaits, tuèrent Balbin et Pupien avant de proclamer Gordien III empereur en mai 238.

Le jeune garçon fut entouré et conseillé par sa mère et par des chevaliers et sénateurs brillants.

La situation sous Gordien III

Zénobie naquit sous Gordien III. À cette époque, Gordien III devait faire face à des combats sur le Rhin et le Danube. Les Perses devenaient menaçants. En 240, ils n'avaient nullement l'intention de rester en paix. Ils prirent, tout d'abord, Hatra avant de convoiter des terres romaines en Mésopotamie. Gordien III eut alors recours à Timésithée, l'un des chevaliers mis en place par les Julia, qui avait servi sous les Sévères. Lui aussi était sans doute syrien. Il devint préfet du prétoire et comprit tout le bien qu'il pouvait tirer d'une telle situation. Il conseilla à Gordien III d'épouser sa fille Furia Sabinia, plus âgée que lui d'une bonne dizaine d'années.

En 241, Ardachir abdiqua en faveur de son fils Sapor Ier. Ce personnage est un homme clé du règne

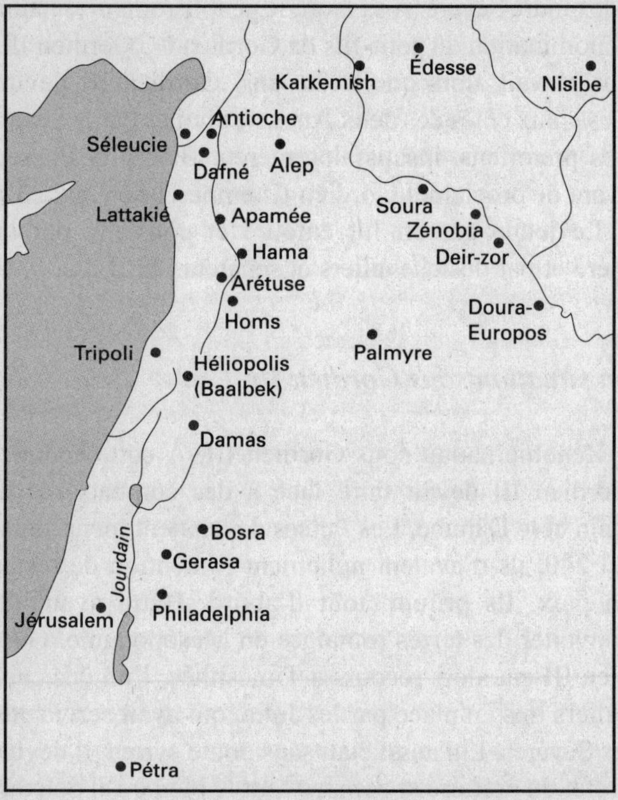

La Syrie et la Palestine

d'Odénath et de Zénobie. À cette époque, il étendit ses conquêtes dans l'actuelle Turquie, dans le Caucase, dans l'actuel Afghanistan, en Sogdiane.

Les Perses se rendirent, sans doute, à Antioche, menaçant les Syriens. Ceux qui avaient commencé leur carrière sous les Sévères et qui étaient eux-mêmes syriens ne pouvaient rester insensibles à cette menace. L'armée romaine se mobilisa, faisant même revenir des troupes du Rhin.

En 243, les Romains s'emparèrent de Carrhes. Les Perses conduits par le roi Sapor furent défaits et durent se replier. La Mésopotamie était de nouveau sous contrôle romain après la victoire de Rhesaema.

Gordien III prit la direction de l'armée malgré la disparition de Timésithée et la nomination de Philippe l'Arabe comme préfet du prétoire. L'empereur arriva à Ctésiphon. Les *« Res gestae »*, exploits du roi Sapor « Rois des rois et adorateur de Mazda », fournissent quelques indications sur la suite des événements. Ces *Res gestae* ont été retrouvées sur une pierre de Naqsh-e-Rustam à côté de Persépolis à l'occasion de l'analyse d'un monument appelé « Ka'aba de Zoroastre ». Ces *Res gestae*, rédigées en grec, en parthe et en moyen-perse, racontent comment Gordien III mourut en combattant contre les Perses en 244. Gordien avait fait venir des troupes du Rhin et de Germanie qui avaient marché en direction de la Babylonie pour combattre les Parthes. Une première bataille à Misikhè (actuelle Anbar à une cinquantaine de kilomètres de Bagdad) avait entraîné la mort de Gordien.

Les Romains nommèrent Philippe César pour le remplacer. Celui-ci préféra verser 500 000 deniers aux Parthes et traiter avec eux plutôt que de leur faire la guerre. D'autres historiens comme Dexippe ou Zosime écrivirent que Gordien III fut assassiné par les fidèles de Philippe « l'Arabe ».

Sapor

Les *Res gestae* de Sapor, qui ne sont pas sans rappeler les *Res gestae* d'Auguste, évoquent une deuxième campagne qui se serait déroulée sous Trébonien Galle pendant laquelle le roi des Parthes battit à Barbalissos (actuel Balis à l'emplacement du lac Assad) 60 000 Romains. Les Parthes pillèrent la Syrie, s'emparèrent de villes et de forteresses romaines comme Sura, Hiérapolis, Apamée, Zeugma, Séleucie, Antioche, Nicropolis, Doura. Le texte cite plus de vingt-cinq noms. En Cappadoce, les Parthes procédèrent de même. En tout, trente-sept villes furent conquises.

Sapor semblait traiter ses prisonniers avec cruauté. Beaucoup d'entre eux mouraient de faim. Sapor n'était pas seulement intéressé par les conquêtes. Il était très préoccupé par la politique et la religion. Il insiste toujours sur l'aide que lui apportent les dieux grâce auxquels il a pris de nombreux territoires.

Le chroniqueur El-Tha'alibi précise que Sapor ressemblait à son père et qu'il était aussi beau, prudent et sage que lui, qu'il était capable de se montrer doux, excellent gestionnaire et attaché au bien de son peuple.

El-Tha'alibi affirme même qu'il était plus généreux et meilleur orateur qu'Ardachir. Les hommes le saluèrent avec enthousiasme dès qu'il succéda à son père. Sapor leur fit des promesses et leur assura qu'il continuerait sur la lancée d'Ardachir. Il écrivit aux rois afin que chacun d'entre eux lui restât fidèle et obéissant. Tous les souverains promirent d'être soumis et d'exécuter ses ordres.

Sapor n'eut alors plus qu'une idée en tête : être efficace, surveiller ses frontières, contrôler son peuple et le rendre heureux, combattre l'ennemi et enrichir son pays. Parce qu'il était juste et bon, ses sujets lui obéirent et l'aimèrent. Il était appelé « Sapor des armées » parce qu'il avait des forces puissantes.

El-Tha'alibi précise encore qu'il vainquit Daïzan, protégea Roum et fonda des villes comme Djondaï-Sapor, Schadh-Sapor… Il est également écrit qu'il donna des titres à son fils Hormizd et qu'il lui confia la direction du Khorassan. Hormizd le Preux avait reçu un excellent enseignement de son père qui lui expliquait comment il fallait soulager les sujets lorsque les impôts étaient trop lourds, récompenser les généraux, les gouverneurs ou les membres de la famille royale, punir les bandits qui menaçaient l'équilibre du pouvoir, multiplier les bienfaits et ne faire des dons que discrètement comme il sied aux princes.

Tabari, quant à lui, indique que « le fils du roi », en persan Sapor, était né à l'insu de son père, comme il a été dit plus haut. Un officier lui aurait donné son nom et aurait fait son éducation. Comme Ardachir se plaignait un jour de ne pas avoir de fils, l'officier lui avoua qu'il en avait un et qu'il n'avait pas tué la jeune femme autrefois enceinte du roi, comme il en avait reçu l'ordre. Ardachir le reconnut aussitôt au milieu d'un groupe d'enfants.

Sapor se révéla meilleur encore que son père. Le chroniqueur évoque ensuite son conflit avec Valérien et la prise de Hadr située entre le Tigre et l'Euphrate, une forteresse qu'il dit imprenable et que Sapor assiégea pendant quatre ans avant de s'en emparer par la ruse. Il épousa la fille du roi de Hadr qu'il finit par condamner à mort parce qu'elle avait trahi son père et qu'il la redoutait.

Firdousi reprend l'histoire de la naissance de Sapor. Il ajoute cependant qu'Ardachir, qui n'avait de temps ni pour le repos ni pour les loisirs car des guerres l'accaparaient, tenait à protéger son fils du mauvais œil. Comme des devins lui avaient dit de se méfier d'un certain Mihrek, Ardachir décida de supprimer sa fille. Mais elle attendait un enfant de Sapor.

Firdousi détaille longuement le travail d'Ardachir avec son armée, la manière dont il surveillait le travail des scribes qu'il choisissait excellents et honnêtes, justes, équilibrés et généreux Le roi était également attentif aux agissements des gouverneurs. Il favorisait les jeunes à condition qu'ils aient la sagesse des vieillards. Sur un champ de bataille, il agissait sans précipitation. Il choisissait des éclaireurs intelligents et observateurs. Il conseillait aux chefs d'armée d'haranguer les troupes, de protéger les ailes et le centre, de ne pas verser de sang quand l'ennemi fuyait. Il savait recevoir les ambassadeurs qu'il conviait à sa table et à des parties de chasse. Le roi ne laissait personne dans le besoin car il recevait des redevances du monde entier. Il n'était pas dépensier et il savait rester modeste. Il se refusait à chercher davantage que ce que les dieux lui donnaient. Mieux valait fuir la convoitise et les combats qui n'apportent que peines.

Les successeurs

À la tête de Rome se succédèrent Philippe l'Arabe, son fils (244-249), les deux Dèces (249-251), Trébonien Galle et Volusien pendant les deux années qui suivirent, Émilien en 253 puis Valérien.

Valérien était sénateur. Il appartenait à l'aristocratie romaine. Sa famille était célèbre. Valérien prenait le pouvoir au moment où Sapor s'apprêtait de nouveau à envahir la Syrie. Consul suffect en 238, placé à la tête de l'armée de Germanie, Valérien fit plier Sapor qui revint à l'attaque à Doura-Europos.

Dans cette troisième campagne importante du roi Sapor, les Parthes avaient de nouveau attaqué Carrhes et Édesse. Dans son armée, Valérien avait alors soixante-dix mille hommes venus de régions diverses comme la Pannonie, la Germanie, la Rhétie, la Cappadoce, la Dacie, la Moésie, la Galatie, la Cilicie, la Phénicie, la Judée, la Maurétanie, Rhodes et la Mésopotamie.

Après avoir fait prisonnier Valérien, Sapor brûla la Syrie, la Cilicie et la Cappadoce. La capture de Valérien sur laquelle nous reviendrons plus loin était une remarquable victoire pour les Perses. Lactance dans *De la mort des persécuteurs*, y voit un châtiment pour Valérien qui avait persécuté les chrétiens.

À Rome, la situation était très complexe. De nombreux peuples menaçaient les Romains : les Germains qui pénétraient en Rhétie, et les Alamans. Les Goths ravageaient la Grèce. L'Espagne était pillée. Les empereurs romains, éloignés de Rome, combattaient sans cesse, si bien qu'ils étaient plus souvent nommés par l'armée que par le Sénat.

Dès l'an 240, les Romains avaient compris que la Syrie pouvait jouer un rôle majeur dans le destin de Rome. Philippe l'Arabe sut célébrer sa région natale et ses ancêtres. Les rites syriens s'imposèrent à Rome. On chantait des hymnes ; on dansait ; on consultait des oracles ; on offrait des dons aux dieux. Malgré tout, Sapor profita de la confusion générale. La Syrie, elle aussi, sut bénéficier de cette période de flottement. Plusieurs rois-prêtres y régnèrent dont certains se disaient descendants des rois-prêtres d'Émèse, comme Uranius Antoninus qui fit frapper monnaie en 253. Un sénateur d'Antioche joua également un rôle important en Syrie avant d'être banni. Aucun de ces hommes ne se montra à la hauteur. Seul Odénath paraissait capable de diriger la Syrie. Il apparaît sous le règne de Dèce qui mourut en combattant les Goths sur le Danube et qui était trop accaparé par les affaires d'Occident pour s'intéresser de près à l'Orient.

La Syrie

Palmyre appartenait à la province romaine de Syrie. Les limites de cette province n'étaient pas clairement définies. Comme on l'a vu, il semble que l'Euphrate séparait l'Empire romain des redoutables Parthes.

La Syrie avait alors des ressources appréciables comme la vigne et l'huile d'olive. Les fleurs étaient abondantes car la région était plus fertile qu'aujourd'hui.

Quand Pompée s'empara de la région, en 64 avant J.-C., Rome découvrit un pays qui avait gardé ses coutumes orientales malgré la conquête d'Alexandre le Grand en 352 avant J.-C. La région était prospère grâce à des villes comme Laodicée, Apamée, Séleucie et Antioche. Sur le modèle grec, certaines d'entre elles possédaient un gymnase, des palestres et des temples.

La Syrie se plia aux règles de l'administration romaine. Des gouverneurs furent nommés dans certaines cités qui payèrent des taxes. La Syrie fut dirigée par un légat. Dès qu'une guerre contre les Parthes se déclarait, la Syrie demeurait une situation stratégique pour Rome. Pendant la guerre parthique, Corbulon y avait trouvé une position de choix. Vespasien avait été aidé par les Syriens pendant son expédition en Judée. Les légions syriennes avaient même désigné plusieurs empereurs, une habitude qui se développa au IIIe siècle.

Les cités grecques de Syrie s'adaptèrent aux coutumes romaines. D'autres, comme Gadara et Berytus, colonie romaine fondée par Agrippa au Ier siècle, reflétaient le prestige de Rome grâce à leur culture et à leur architecture. Certaines cités comme Émèse demeuraient indépendantes. La plus riche de toutes était sans doute Antioche qui était extrêmement animée avec ses magasins, ses marchands, ses magiciens, ses équilibristes. On racontait aussi que les mœurs y étaient relâchées et que les architectes de la ville s'étaient inspirés d'Athènes pour la construire. Il faisait bon vivre à Antioche, rappelle Apollonios de Tyane, bien que le comportement de ses habitants entraînât la décadence de la ville : banquets, vins à outrance, bains, massages, musiques, danse, tout était prévu pour les loisirs. Bien qu'elle accordât une large place au plaisir, Antioche avait aussi ses écoles et ses professeurs.

La vie à Apamée et à Berytus était également agréable. Dans toutes les cités, les Romains imposèrent des redevances et des taxes. Ces impositions entraînèrent une vague de vols et de brigandage. Au IIIe siècle, les bords de l'Euphrate étaient peu sûrs. Afin d'y remédier et de multiplier les contrôles, des comarques, des épimélètes, des bouleutai furent nommés dans chaque village ou chaque région. S'ils obtenaient des Romains l'assurance d'être protégés en cas d'attaque, les paysans taxés durent faire face à de nombreux abus.

Les Romains se méfiaient des nomades dont le nombre demeurait incertain et à qui il était impossible d'imposer la moindre redevance. Dès le règne de Tibère, pourtant, Rome trouva dans les Palmyréniens une aide appréciable.

D'un simple village, Palmyre était devenue une puissante cité. Admiratifs des archers palmyréniens qui étaient plusieurs milliers, les Romains jugeaient les Palmyréniens pacifiques, efféminés, intelligents, vifs, coléreux, bons commerçants. Les Romains étaient également très attentifs aux religions et aux rites palmyréniens.

Les Syriens étaient très présents dans le monde romain au IIe siècle. Un temple voué aux dieux orientaux, des dédicaces à de puissants marchands syriens prouvent que les Romains avaient compris tous les avantages qu'ils pouvaient tirer de la Syrie et de villes comme Palmyre.

En 199-202, Septime Sévère qui se trouvait en Syrie avait divisé la région en deux provinces : la Coele-Syrie qui avait comme capitale Antioche, et la Syrie-Phénicie avec pour ville principale Tyr. Palmyre était rattachée à la Syrie-Phénicie. Les Palmyréniens gardaient des Sévères un assez bon souvenir. Septime Sévère et Caracalla leur avaient donné, comme aux Émésiens, le droit de cité romaine qui fut largement étendu à tous les habitants de l'empire par la constitution antoninienne de 212. Devenue colonie de droit italique sous Caracalla, Palmyre était exemptée d'impôt. Après avoir porté le nom de Septimius sous Sévère, les Palmyréniens pouvaient ajouter à leurs noms ceux de Julii Aurelii. Les Syriens se rappelaient les exploits de Septime Sévère, sa victoire sur Niger, ses batailles en Adiabène, la prise de Nisibis qui était devenue colonie romaine, les prises de Babylone, de Séleucie et de Ctésiphon. Malgré son échec devant

Hatra, Septime Sévère restait le « Grand vainqueur de la Parthie ».

Origine d'Odénath

Odénath était issu d'une famille aristocratique qui avait probablement fait fortune grâce aux caravanes. Le père d'Odénath Hairân (Hérodien) et son grand-père, Waballath, portaient des noms araméens. L'un de ses principaux lieutenants, Worod, avait un nom parthe. Il gérait la ville en l'absence d'Odénath.

Odénath appartenait probablement à l'une des principales tribus qui dirigeaient Palmyre. Son nom apparaît pour la première fois dans un texte, à la date incertaine, rédigé en palmyrénien et en grec, gravé sur le linteau d'une tombe familiale. Cette sépulture avait été bâtie « à ses frais par le sénateur Septimius Odénath, fils de Hairân (Hérodien), fils de Waballath, fils de Nasor pour sa famille et ses descendants ». Une dizaine de textes évoquent sa généalogie. Odénath s'appelait « Septimius » parce que Septime Sévère avait accordé à sa famille le droit de cité. La base d'une statue en l'honneur d'Odénath, érigée à Tyr, capitale de la Syrie-Phénicie, rappelle son titre de sénateur. Deux inscriptions de 252 mentionnent, cependant, un nouveau titre : « chef de Tadmor ». Peut-être Odénath avait-il alors demandé à l'empereur romain de devenir dynaste et de porter le titre local d'exarque. Peut-être avait-il pris le parti de Sapor qui s'imposait sans conteste en Syrie. Quoi qu'il en fût, les Romains le nommèrent consul en 258 pour ses exploits militaires, preuve qu'il dépendait de Rome même s'il gardait des pouvoirs locaux. Il obtint de Gallien le titre de stratège. Sur une inscription plus tardive il est appelé « roi des rois », titre local qui ne l'assimile en rien à un empereur.

Odénath avait perdu sa première femme. Il avait d'elle un fils, Hérodien, qui était, selon l'*Histoire Auguste*, efféminé et attiré par les plaisirs. Ce fils prenait modèle sur les Grecs et ses goûts orientaux le poussaient à choisir l'or pour orner la moindre de ses étoffes. Cette réputation de jeune homme aux mœurs relâchées se complaisant dans les festins en robe orientale avait sans doute été entretenue par quelque historien médisant. Légende ou vérité ? Courageux et fier, Hérodien semble aussi avoir reçu des honneurs pour une victoire contre les Parthes.

VI

Les caravanes et le développement de Palmyre

La mainmise des Romains sur Palmyre

Tirant profit de la « cité des palmiers » arrosée par la source Efqa, les Romains conseillèrent aux Palmyréniens d'envoyer des expéditions dans les pays les plus lointains pour y rapporter des produits luxueux. Les marchandises arrivèrent de Chine. De nombreuses caravanes prirent bientôt le chemin de Charax située à l'endroit où se rejoignent le Tigre et l'Euphrate. Les Palmyréniens partirent aussi pour Ctésiphon ou Séleucie. Les convois s'acheminèrent par les monts, gagnèrent Pétra, faisant fi des obstacles naturels. D'importants entrepôts se trouvaient à Damas, située à plus de deux cents kilomètres de Palmyre, à Tyr ou à Gaza.

Zénobie connut cette ville pleine d'activité et de richesses. Le destin de Tadmor était déjà loin quand la future reine de Palmyre naquit en Syrie.

Il subsistait bien quelques éléments de la période grecque mais les Romains firent construire de nouvelles routes, des temples et des places publiques. Les gouverneurs de Syrie, nommés par Rome, prirent plusieurs mesures pour protéger la ville, aménager les voies allant jusqu'à l'Euphrate et développer au mieux le commerce. Certains Palmyréniens prétendaient volontiers être d'origine romaine. Ils en ressentaient une certaine fierté. Rome devint un modèle pour les habitants de Palmyre. Un sénat de dix membres assistés d'archontes, comparable à celui qui avait été mis en place à Rome, permettait de discuter des lois et des dernières mesures. Le gouverneur faisait de nombreux rapports à l'empereur.

Les fonctionnaires romains prenaient les décisions politiques et militaires. Ils s'occupaient du trésor public et des taxes, fixaient les impôts, présentaient les litiges au Romain chargé de les régler. Les Palmyréniens y gagnaient la sécurité, la paix et la tranquillité d'esprit. Les archontes et les sénateurs s'occupaient des différends et des menaces ennemies. Palmyre pouvait se complaire dans l'oisiveté ou dans le commerce sans se soucier des revers réglés par Rome.

Les patrons et les bienfaiteurs

Le trafic ne pouvait croître sans les chefs de caravanes. Ces chefs, eux-mêmes chargés de mener à bon port les marchandises, connaissaient parfaitement les étapes, les voies, les puits, les nomades, les limites entre le territoire romain et le domaine parthe et les dangers à éviter.

Une des dédicaces les plus célèbres, datée hypothétiquement de 145, concerne le généreux Soados, fils de Boliadès et petit-fils d'un bon patriote, qui aida les marchands et protégea les caravanes. Soados fut honoré par Hadrien et Antonin et par plusieurs gouverneurs. Quatre statues avaient été érigées en son honneur.

Un texte de 132 retrouvé dans le temple de Baalshamin explique que Soados avait sauvé une caravane et qu'il avait porté assistance aux citoyens de Vologésiade. Deux chefs de caravanes avaient alors été chargés d'élever une statue lui rendant hommage dans le sanctuaire de chaque tribu palmyrénienne (il en restait quatre à cette époque).

Plusieurs inscriptions retrouvées sur l'agora de Palmyre évoque Marcus Ulpius Iarhai dont la famille avait été honorée par Trajan. L'une de ses statues avait été élevée en 157 par un chef de caravanes qui s'était rendu jusqu'à Charax. Son fils Abgar avait la même profession qu'Iarhai. Quant à son frère, il était chef de caravanes. Une autre dédicace de commerçants revenus de Scythie rappelle qu'Iarhai les avait ardemment secourus en Inde en 157.

Il semble que ces grands hommes, qui pouvaient résider dans d'autres villes-étapes qu'à Palmyre, étaient fortunés et qu'ils choisissaient eux-mêmes les chefs de caravanes, les bêtes et l'escorte d'une expédition.

Des textes font également référence à d'autres citoyens qui auraient financé des caravanes : J. Aurelius Zebeida et J. Aurelius Shalamallath en 257. Un autre texte de 266 concerne Worod qui escortait les caravanes à ses propres frais et qui acquit de très hauts titres, devenant même l'un des personnages les plus puissants de Palmyre.

De nombreux bienfaiteurs avaient également contribué à la magnificence de Palmyre, qui contrairement à ses voisines n'était pas construire en briques mais en marbre et en porphyre. Autour des monuments principaux, le temple de Bêl commencé en 17 ou en 19, le temple de Baalshamin achevé en 130, le temple de Nabo-Hermès terminé en 89, l'arche et les statues de Sévère sur l'agora, le théâtre, plus utilisé pour les discours politiques que pour les représentations, la colonnade constamment agrandie, les maisons luxueuses à mosaïques témoignaient de la richesse de la ville. Les rues étaient soigneusement pavées comme à Antioche. Sur les sols ou les murs, scènes mythologiques, cartes de l'Orient, bords du Nil, vie quotidienne, rappelaient Antioche ou Apamée. La plupart des monuments étaient construits à l'époque de Zénobie qui ne connut donc pendant son enfance et son adolescence qu'une ville prospère et convoitée.

Palmyre se distinguait, cependant, des cités hellénistiques ou romaines par l'absence de bains, de gymnase, d'amphithéâtre. Les bains de Dioclétien (293-303) semblent avoir été construits sur un ancien bâtiment, peut-être le palais de Zénobie.

Malgré cette apparence toute romaine, Palmyre gardait son organisation. Les différentes tribus rappelaient souvent le nom des dieux palmyréniens comme Arsu ou Bâal. Leurs tombes restent un témoignage de leur puissance. Les peintures murales des tombes, parfois bien conservées comme dans la Tombe des trois frères, donnent des indications sur les fonctions des défunts : un diadème suggère un prêtre, un chameau un caravanier.

Les taxes

Plus le trafic se développa, plus les lois se multiplièrent. Une ancienne inscription sur les taxes fournit des exemples de tarification sur les biens : vingt-cinq deniers sur l'huile, huit cents deniers pour l'utilisation de l'eau à Palmyre. Le sel et les statues de bronze étaient également taxés. Les parfumeurs payaient, eux aussi, une redevance. Les prostituées reversaient un pourcentage de leurs gains à la cité.

Une grande stèle de près de 5 mètres de large sur 1,75 mètre de haut, datée de l'an 137 et écrite en grec et en palmyrénien, donne aussi des indications précises sur les taxes et sur d'anciennes ou de nouvelles mesures fiscales. Cette stèle endommagée a été placée au musée de l'Ermitage de Saint-Pétersbourg. De nombreuses clauses précisent, par exemple, qu'une taxe de vingt-deux deniers était imposée à ceux qui proposaient de jeunes esclaves à Palmyre, qu'il ne leur était demandé que dix deniers s'ils vendaient de vieux esclaves, qu'ils devaient payer deux ou trois deniers par chameau ou par âne entrant à Palmyre ou sortant de la ville. La pourpre était également lourdement taxée et contrôlée. Chaque étoffe exportée ou importée était frappée d'une redevance. Chaque chameau porteur de jarres ou de pots d'huile odorante était contrôlé à l'entrée et à la sortie de Palmyre. Tous les produits fins étaient soigneusement contrôlés : l'huile d'olive, les poissons, les produits salés en provenance de Palestine.

Les vendeurs de sculptures n'étaient pas épargnés. Faire entrer dans la ville une statue de bronze entraînait une taxe immédiate. Les représentations en bronze avaient beaucoup de succès tout comme les étoffes de soie, les épices, la myrrhe, l'ivoire, les perles, les pierres précieuses et la mousseline.

Si les étrangers étaient attendus aux portes de la ville, les marchands de Palmyre devaient, eux aussi, verser une taxe établie en fonction de leur métier et du produit de leurs ventes. Celle-ci variait selon la saison, la concurrence et leurs revenus.

La taxe la plus rentable pour Palmyre était sans doute celle qui portait sur l'eau. Le texte de la stèle avance une somme considérable de huit cents deniers. Ce forfait devait permettre aux caravaniers de faire boire leurs bêtes et les obligeait à réaliser à Palmyre de bonnes affaires.

Les Romains et les Palmyréniens avaient été suffisamment rusés pour faire de Palmyre un passage obligé entre Charax, Antioche, Pétra et Coptos. Les deux grandes routes principales passaient autrefois par la mer Rouge et l'Arabie ou par le golfe Persique. La première voie avait longtemps été contrôlée par les Nabatéens de Pétra. Les Romains avaient décidé de créer de nouvelles voies en passant par Leukè-Komè, le canal de Suez et Alexandrie.

Plutôt que de suivre l'Euphrate et de continuer jusqu'au port d'Antioche, il leur sembla moins coûteux de passer par le désert et donc par Palmyre. À l'époque, tous les chemins menaient donc à Palmyre. Les Romains faisaient parfois étape à Délos avant d'atteindre les rives de la Syrie et de s'aventurer dans le désert.

Si Palmyre restait officiellement une cité libre, il lui fallait rendre des comptes aux Romains et accepter la politique mise en place par le gouverneur à la demande expresse de l'empereur. Grâce aux inscriptions ou aux épitaphes, quelques noms de fonctionnaires sont aujourd'hui connus. On peut, cependant, s'interroger sur la réaction des notables palmyréniens qui se voyaient désormais imposer par des Romains la gestion des finances et de la ville. Acceptèrent-ils tous aussi facilement l'organisation imposée par l'empereur ? Y trouvèrent-ils leur compte ?

VII

Le commerce

Les relations entre Romains et Palmyréniens

Rome apportait sans doute son savoir-faire, multipliant les fonctionnaires et les employés pour bénéficier de la meilleure organisation et des rendements les plus intéressants. Un savant équilibre devait être trouvé entre les deux peuples. Les troupes romaines stationnaient à Palmyre pour le bien-être de ses concitoyens, afin d'assurer leur protection dans la ville et dans le désert. Les Romains étaient censés renforcer les troupes palmyréniennes essentiellement constituées d'archers.

Dans son enfance, Zénobie dut entendre longuement parler de Doura, la cité concurrente soutenue par les Parthes. Les mêmes noms de ville alimentaient les conversations. Les femmes qui ne sortaient pas de Palmyre rêvaient à ces seules évocations selon que tel marchand en rapportait des étoffes fabuleuses, douces et colorées, ou des vases aux matières d'un bleu intense ou d'un vert tendre presque transparent. Dans les propos des servantes ou des matrones revenaient ces noms magiques de contrées lointaines riches de légendes et de contes fantastiques ou mythologiques. Les nourrices les racontaient aux enfants, leur précisant que les marchands avaient le privilège de se rendre dans ces lieux fabuleux et qu'ils exerçaient là le plus beau métier du monde. Les petits Palmyréniens étaient ainsi préparés dès le plus jeune âge à l'idée de partir un jour pour de longues épopées d'où ils reviendraient forcément riches et puissants.

Palmyre contrôlait alors un territoire qui s'étendait au nord sur plus de soixante-dix kilomètres, au sud sur plus de soixante kilomètres et qui s'étalait à l'est jusqu'à l'Euphrate. Palmyre était une ville plus peuplée que ses voisines, des cités hellénistiques pourtant florissantes. Sa population est aujourd'hui estimée à 170 000 ou 200 000 habitants.

Palmyre possédait un sénat et une assemblée du peuple, des trésoriers attestés par une inscription de 114, des archontes, dix hauts magistrats, des responsables des taxes, des commandants et des fonctionnaires éponymes qui donnaient leurs noms à l'année. Les prêtres du temple de Bâal étaient des personnages importants et riches.

Les Romains remplirent leurs obligations en apportant aux Palmyréniens un soutien constant. Encore fallait-il être en mesure de mettre à la disposition du gouverneur des troupes capables d'affronter le désert et l'ennemi de l'Est. Les soldats romains résidaient avec plaisir à Palmyre. Au lieu d'imposer leurs ordres, ils se mêlaient au peuple, fréquentaient les tavernes, arpentaient les marchés. On les remerciait d'accompagner les caravanes, d'arrêter les brigands et de mettre en place des garnisons chargées de protéger les habitants. Certains se plaignaient du vacarme qu'ils faisaient le soir au sortir des tavernes. Les Syriens devaient admirer et envier leur puissance, leur armure, leurs grades et leur maintien. Quel notable palmyrénien ne convoitait-il pas un poste de haut fonctionnaire romain pour en porter la toge et en recevoir les honneurs ?

Les riches Palmyréniens invitaient volontiers chez eux le gouverneur. Il partageait leur dîner en joyeuse compagnie. Les notables espéraient peut-être en tirer quelque grade ou l'autorisation exceptionnelle de porter la pourpre. Admirés par les femmes, aimés par les enfants, enviés par les hommes, certains Romains reçurent même quelques dédicaces honorifiques qui prouvent aujourd'hui les excellentes relations qu'ils entretenaient avec les Syriens.

Ceux-ci ne se montrèrent pas ingrats. Les Romains permirent aux Palmyréniens de développer leur commerce, de multiplier les caravanes qui circulaient en toute quiétude avec des escortes armées et d'accroître leur prospérité. Aux IIe et IIIe siècles, la ville brillait de tous ses feux.

Épices et condiments

Les Syriens avaient du sel, des peaux de bêtes pour faire des vêtements ou des couvertures. Mais le commerce qui les lia aux Romains était surtout celui des épices et de la soie. La soie connut à Rome un tel succès que de nombreux auteurs tels que Salluste ou Pline prétendirent que le déclin du pays venait de la luxure qui s'y était installée sur le modèle de l'Orient.

Les Romains et les Syriens avaient besoin d'aromates comme les Égyptiens. Ceux-ci étaient abondamment utilisés dans les rites religieux et lors des triomphes. L'encens le plus pur était particulièrement recherché. On faisait également venir de la myrrhe de l'actuel Yémen et de Somalie. L'Arabie produisait des perles et de la résine. De Somalie venaient l'ivoire, la turquoise et des plantes rares. Le balsane coûtait très cher : une livre valait six deniers, l'équivalent de plusieurs mois de salaire. Pour la même somme, il était possible d'acheter cent fois plus de pâtisseries à Rome. La résine était, parfois, plus chère encore.

Malgré la hausse des prix, les riches Romains n'hésitaient pas à épicer leurs mets et à se parfumer. Ils utilisaient également les senteurs pour les enterrements. La somme dépensée par Néron à l'occasion des funérailles de Poppée qu'il avait lui-même tuée malencontreusement d'un coup de pied dans le ventre est entrée dans l'histoire.

Les Romains multipliaient les échanges avec l'Inde pour obtenir du poivre et du gingembre très appréciés dans les plats. On en trouvait de toutes sortes sur les marchés. Apicius, qui savait relever les mets comme aucun autre gastronome, préférait le cumin et le safran qui coûtaient, au IVe siècle, deux mille deniers la livre. Il avait également besoin de myrrhe, de céleri, d'anis, d'ail, de fenouil, d'oignon, de coriandre, de thym, de citron, de sésame, de cumin, de persil, de menthe, de gentiane…

Les épices venaient de régions diverses : le sésame et le poivre étaient achetés en Inde, le gingembre en Chine et en Inde ; le cinnamome en Indonésie.

La richesse de Palmyre s'accrût grâce au commerce des épices et de la soie. Les Nabatéens de Pétra en avaient jusque-là le contrôle et ce depuis le IVe siècle avant J.-C. mais les nouvelles routes empruntées par les Romains leur firent perdre de leur prestige.

Les voyages en Inde devaient être programmés en fonction de la mousson. Si les caravanes partaient l'été, elles arrivaient en Inde deux mois plus tard, vers le mois de septembre. Elles devaient être de retour en février. Les routes étaient souvent longues et périlleuses car les pirates peuplaient les mers et guettaient les caravaniers.

Les empereurs romains décidèrent de remédier à certains problèmes. Les pirates disparurent. Auguste envoya une expédition pour renforcer la sécurité sur les routes même si une partie de son armée périt, victime de la chaleur et de la poussière. Rome dirigeait les caravanes qui se rendaient aux ports de la mer Rouge.

Au Ier siècle, Strabon rappelle que les vaisseaux se multiplièrent et qu'ils allèrent de plus en plus loin. Les marins gagnaient l'Égypte et l'Éthiopie. La voie maritime était la plus souvent choisie car elle était plus sûre et plus rapide que la route terrestre. Elle évitait aussi de fatiguer les chameaux. Si l'activité romaine se développa rapidement, les peuples arabes continuèrent leur commerce avec ardeur. Sur certaines places et près de plusieurs entrepôts ont été retrouvés des pièces romaines, des traces de parfum, de l'argent, de l'or, des étoffes.

Les contrôles policiers, notamment sous Trajan, la construction de la Via Nova Traiana à partir d'Aqaba améliorèrent le travail des caravaniers. Cette voie aménagée sous Hadrien entraîna la prospérité des cités qui étaient sur son passage.

En Inde, Palmyre avait un rôle primordial à jouer. Les marchands palmyréniens étaient présents dans les ports du golfe Arabique. Les caravanes qui partaient de Palmyre vers l'est à la recherche des précieuses épices gagnaient d'abord Damas, Pétra, Aqaba, Leukè-Komè. De la mer Rouge ils pouvaient ensuite faire escale dans le sud de l'Arabie avant de gagner la mer Arabique. D'autres marchands préféraient passer par Charax et le golfe Persique pour arriver dans la mer Arabique. Par la voie maritime, l'Inde, Ceylan, Sumatra et la Chine (actuelles Canton et Hanoï) étaient aisés à atteindre avec des vaisseaux nouveaux et plus rapides.

Le *Périple de la mer Érythrée* nous renseigne très précisément sur les produits que les caravaniers trouvaient en Inde : de la sardoine, de l'onyx, des diamants, de l'agate, du lapis-lazuli, de l'indigo qui permettait de faire des teintures, du poivre, du gingembre, des parfums, des perles, des étoffes en coton, en soie de Chine et en mousseline. Les Indiens auraient ainsi gagné, selon Pline, cent millions de sesterces par an, ce qui paraît excessif. Les Romains dépensaient des sommes considérables en Inde. Eux-mêmes apportaient des produits moins luxueux, du corail, du plomb, de l'étain, du vin, du papyrus, des étoffes en lin, de la vaisselle en céramique ou en argent, des verres et des bronzes d'Alexandrie.

Plusieurs inscriptions des Ier et IIe siècles font allusion aux mouvements caravaniers. Il ne semble pas que cette activité ait connu d'éclipse même pendant les périodes de guerre. Mais les années les plus favorables furent sans doute celles pendant lesquelles Hadrien et Antonin étaient au pouvoir.

Les marchands palmyréniens passèrent probablement, dans les premiers temps, par des villes comme Séleucie ou Ctésiphon. Mais Vologésiade, où Soados créa un temple en l'honneur des Augustes et des Romains, parut ensuite incontournable. Les caravaniers utilisaient des barques ou de larges planches faites avec des branchages qu'ils plaçaient sur des outres. Ces embarcations ingénieuses pouvaient transporter plusieurs tonnes de marchandises.

La soie

Les Romains et les Palmyréniens convoitaient aussi la soie que l'on pensait alors cueillie sur les arbres. Les vêtements en soie faisaient preuve d'un luxe si ostentatoire que Tibère en interdit l'usage sous son règne. La soie fut longtemps utilisée à Rome par les femmes jusqu'à ce que l'exemple d'Héliogabale encourageât les hommes à en porter. Sous Aurélien, une livre de soie coûtait douze onces d'or, somme considérable. Mais la demande était telle que le prix finit par baisser.

En Chine une légende circulait : on racontait qu'une princesse vivant sous le règne de l'empereur Huang-Ti en 2450 avant J.-C. avait découvert le secret de la soie en remarquant les filaments cotonneux qui faisaient comme des toiles d'araignée sur les branches des arbres du parc royal. En réalité, les Chinois connaissaient la soie depuis l'an 3000 avant J.-C. et refusaient d'en révéler les secrets. Il est vrai que leurs robes, en soie, étaient plus belles que partout ailleurs. Même les Grecs ne réussissaient pas à les égaler. Les peuples voisins de la Chine ne parvinrent pas à percer le secret jalousement gardé et l'histoire rapporte que certains princes épousèrent même les sœurs de l'empereur chinois à seule fin de connaître ce secret.

Les premières exportations semblent dater du VIe siècle avant J.-C. Les marchands partaient de Chine (Changaï) en direction du Taklamakan et de Kashgar puis de Bactra (actuel Afghanistan). La route se poursuivait vers la mer Rouge ou vers Ctésiphon, Doura-Europos, Palmyre, Antioche. Une autre route continuait vers Nisibis et Ankara. À Antioche, la soie pouvait être embarquée pour Rome.

Les Grecs connaissaient le commerce de la soie depuis les expéditions d'Alexandre le Grand qui jugeait cette matière élégante et agréable à porter. Sur les places des marchés et dans les principales villes caravanières s'échangeaient l'ambre, le verre, les camées, les femmes, le henné, la soie, le gingembre, les épices, l'encre de Chine, les dromadaires, les chevaux, les ânes d'Iran et de Mésopotamie.

La route qui menait en Chine n'était pas sans danger. Pour échapper aux pirates ou aux tyrans, les caravaniers empruntaient parfois une voie située plus au sud. Il fallait alors traverser les montagnes du Tibet, affronter les courants du Gange et de l'Indus ou attendre des conditions favorables dans les ports. Certaines régions proches de l'Euphrate étaient envahies par les bêtes sauvages. En revanche, les autochtones paraissaient pacifiques.

Au Ier siècle, les guerres contre les Parthes bouleversèrent les parcours habituels. Il fallait également tenir compte des peuples qui contrôlaient le Taklamakan et les régions du Zagros parfois inhospitalières. Le simple voyage de Chine en Inde durait alors dix mois.

Peu à peu, les chargements des caravanes syriennes augmentèrent. À la soie s'ajoutèrent la turquoise, le lapis-lazuli, le coton. La ville principale, où se retrouvaient tous les marchands de la soie, était Séleucie. Charax la remplaça quand Séleucie fut détruite. Charax, capitale de la Mésène, un petit royaume qui était né comme d'autres de la dislocation du royaume des Séleucides et dont Hyspaosinès avait pris la tête au moment où s'imposaient en Parthie les Arsacides, avait été fondée à l'époque d'Alexandre le Grand. Elle avait été restaurée par Antiochus III qui lui avait donné son nom. De nouveau détruite, elle avait été rebâtie par un architecte qui l'avait fortifiée et appelée Charax. La ville était très active avec ses marchands, ses chameliers, ses escortes. Le géographe Isidore était originaire de Charax. Il écrivit une *Description de la Parthie* dont il ne reste que peu d'éléments et les *Étapes parthiques* traitant du parcours des caravanes. Pline fournit plus de renseignements sur la ville de Charax. Il explique que la ville se trouvait sur une hauteur près du Tigre et de l'Eulaios.

Des colonies de marchands palmyréniens finirent par s'installer sur l'Euphrate à Vologésiade, fondée par le roi parthe Vologèse au Ier siècle. Ils utilisaient aussi les ports parthes.

Des inscriptions palmyréniennes évoquant un marché de la soie furent également retrouvées vers l'Indus. D'autres textes ont été gravés à Coptos et laissent entendre que les Palmyréniens faisaient peut-être du commerce avec les Égyptiens.

La route allant des côtes de la mer Arabique vers l'Euphrate et Palmyre fut de plus en plus empruntée. Les caravaniers traversaient alors le Yunnan ou embarquaient en direction du Gange. De là, soit ils gagnaient l'Indus, soit ils descendaient vers Ceylan. De l'Indus, le chemin habituel passait par l'Euphrate puis la mer Rouge ou Palmyre. À l'époque d'Ammien, les caravanes arrivaient à Palmyre en septembre. C'était l'occasion de grandes fêtes religieuses.

Les Palmyréniens devaient avoir de redoutables concurrents comme la cité de Gerrha habile dans le trafic avec l'Arabie du Sud. Les Gerrhéens appréciaient l'encens et la myrrhe. Ils concurrençaient aussi les

Sabéens que les Romains n'avaient pas réussi à mater. Strabon évoque leurs richesses, leur vaisselle en or, leurs maisons en ivoire, en argent, en pierres précieuses. Les Gerrhéens, rappelle Polybe, avaient donné à Antiochus des talents d'argent, mille talents d'encens et deux cents talents de myrrhe en échange de leur liberté. Même si ces chiffres sont excessifs, Strabon est clair : les Gerrhéens et les Sabéens étaient alors plus riches que tous les autres marchands.

Il est très difficile de connaître le nombre de caravanes qui partaient chaque année pour des expéditions aussi lointaines. Strabon parle de cent vingt bateaux qui quittaient la mer Rouge pour rejoindre l'Inde une fois par an.

Sur les robes de soie figuraient parfois des pierres précieuses ou des perles. Les Palmyréniennes adoraient les perles de Thailouana-Bahrein portées dans des peignes, des barrettes, des diadèmes, des rubans ornés de fleurons ou autour du cou.

Doura-Europos

Doura était située à plus de deux cents kilomètres à l'est de Palmyre. Elle avait été fondée par les Séleucides et était devenue une forteresse parthe en 140 avant J.-C. avant d'appartenir aux Romains.

Elle servait d'étape entre Antioche et Séleucie. On a retrouvé à Doura des inscriptions en palmyrénien, des représentations de divinités et des sanctuaires palmyréniens, celui de Bêl, de Zeus, peut-être assimilé à Baalshamin et entouré des dieux Yarhibôl et Arsou.

Sur des inscriptions du Ier siècle avant J.-C. figurent les noms des Gaddibol et des Komara, tribus bien attestées à Palmyre. Ces dédicaces rendent hommage à Bêl. La représentation d'un sanctuaire évoque aussi un certain Hairân fils de Maliko, un Palmyrénien qui aurait vécu au IIe siècle. Là encore, on retrouve trace des dieux Nébo et Yarhibôl.

À n'en pas douter une communauté palmyrénienne vivait à Doura. Peut-être s'était-elle accrue sous la domination des Romains.

DEUXIÈME PARTIE

VIII

Qui était Zénobie ?

Une famille aristocratique

Zénobie connut-elle sa mère ? Celle-ci mourut-elle à sa naissance ou lorsqu'elle était enfant ? L'adolescente s'interrogea souvent sur ses origines. La ville de Palmyre demeurait une cité de passage. Les Grecs s'y étaient installés avant de céder leur place aux Romains. Aussi Al-Zabba, la mère de Zénobie, pouvait-elle être orientale ou grecque. S'il est question dans les inscriptions de la beauté de Zénobie (en arabe Bat-Zabbai), sa mère Al-Zabba semblait, elle aussi, soulever l'admiration des hommes. Mais elle garda pour sa fille une grande part de mystère.

Zénobie qui naquit vers l'an 241 se disait aussi descendante des Ptolémées et des Cléopâtre. Dans une inscription, elle est appelée Septimia Bat-Zabbai, fille d'Antiochus IV, roi de Syrie. Or les rois de Syrie avaient à plusieurs reprises épousé des Cléopâtre. Zénobie croyait réellement à cette origine égyptienne.

Très jeune, elle devait côtoyer les femmes que fréquentait son père. Mais il y a fort à parier qu'aucune ne l'attirait ni ne lui plaisait. Si le père de Zénobie s'accordait quelques libertés avec les musiciennes ou les danseuses, il restait fidèle au souvenir de son épouse.

Zénobie devait rechercher en elle tel ou tel trait qui pût appartenir à une mère qu'elle n'avait pas assez connue. Elle avait la peau brune, les yeux noirs brillant d'un vif éclat où se lisaient sa curiosité et son intelligence, des prunelles sans cesse en éveil comme celles d'un chat, des sourcils sombres et bien tracés et des cils épais. Elle était pourvue d'un caractère bien trempé, d'une grâce exceptionnelle qu'elle tenait de sa mère. Ses dents étaient aussi blanches que des perles et sa voix, au premier abord plutôt surprenante, plus puissante et virile que mélodieuse. Elle qui admirait la reine égyptienne Cléopâtre VII ne possédait pas son timbre de voix charmeur et mélodieux. Elle étonnait, en revanche, par son assurance et son autorité, la clarté de son discours savant et pertinent.

Les historiens arabes comme Al Tabari, Ibn al-Athir (XIIe-XIIIe siècle), l'encyclopédiste al-Nuwairi (XIIIe-XIVe siècle), l'écrivain Al Ya-qubi précisent que Zénobie était originaire d'une tribu hostile à Gadhima, le roi des Tanoukh. Contrôlant le désert de son palais de Hira, la dynastie des Lakhmides avait abandonné Ardachir. Aussi les Parthes les avaient-ils repoussés vers la Syrie où ils étaient entrés en conflit avec les Palmyréniens. Gadhima avait tué Hmr, le père de Zénobie, qui devait plus tard le venger. Toujours selon les auteurs arabes, le neveu de Gadhima allait à son tour venger son oncle en tuant Zénobie et en s'emparant de Palmyre !

Une bonne éducation

Zénobie fut entourée de plusieurs pédagogues dès qu'elle eut l'âge d'apprendre. Elle reçut probablement à six ans une éducation digne des meilleures familles de Palmyre. Seuls les garçons prenaient alors le chemin de l'école pour suivre, comme à Rome ou à Athènes, les leçons d'un grammatiste (maître de littérature), d'un pédotribe (professeur de gymnastique) et d'un maître de musique. Le père de Zénobie choisit-il pour sa fille ce genre d'éducation ?

Des professeurs avaient créé des écoles à Palmyre. Attirés par la richesse de cette cité resplendissante, ils venaient d'Asie Mineure, de Grèce ou d'autres villes de Syrie. Certains portaient des noms célèbres. Des professeurs de grec enseignaient à Athènes avant de gagner le littoral asiatique, de donner des cours à Pergame et à Éphèse puis à Alexandrie, à Rome et en Syrie. Ces professeurs itinérants trouvaient dans chaque ville des familles aisées prêtes à donner à leurs enfants les meilleurs maîtres. Les professeurs de latin étaient parfois d'anciens esclaves affranchis qui venaient de Rome.

Le père de Zénobie devait avoir une situation suffisamment confortable pour donner à sa fille les meilleurs des pédagogues. L'enfant, naturellement studieuse et curieuse, dut ainsi acquérir un bon bagage culturel. Elle prenait plaisir à écouter ses maîtres et se montra vite sensible à la poésie et à la mélodie.

Reprenant peut-être la théorie grecque prônant un esprit sain dans un corps sain, Zénobie avait l'habitude de pratiquer des sports et de monter à cheval, exercice dans lequel elle excellait.

Ses connaissances en littératures grecque et latine étaient étonnantes. Il lui arrivait même d'inventer et d'écrire quelques lignes. Les professeurs contrôlaient sa diction, son apprentissage des langues et sa lecture. Elle fut très tôt attirée par le grec, dont elle lut les textes d'Homère à l'époque hellénistique, et par l'égyptien. Elle appréciait l'esthétisme, la finesse, la philosophie grecs. Peut-être son professeur lui enseignait-il la philosophie selon la méthode platonicienne en proposant un sujet de discussion, en écoutant les arguments de Zénobie et en les contrant si nécessaire. L'apprentissage de la rhétorique ouvrit l'esprit de la jeune fille au jugement et à l'analyse. Elle découvrit avec émerveillement les textes d'Hésiode et la philosophie d'Aristote, la tragédie, la comédie et l'élégie. La mythologie l'amusait. Elle apprit par cœur les vers de l'*Iliade* et de l'*Odyssée*. Sans doute en tira-t-elle des leçons de vie, de courage et de morale. Son goût pour le grec l'entraîna plus tard à inviter à sa cour le rhéteur Longin avec qui elle discuta d'Homère et de Platon.

En revanche, le latin lui donna plus de mal. Elle retenait avec peine le vocabulaire latin alors qu'elle parlait couramment le grec. Si elle finit par comprendre les différentes langues qui étaient parlées à

Palmyre, Zénobie ne les écrivit pas toutes sans effort. L'épopée latine l'ennuyait. Son professeur, qui devait faire la propagande de Rome en rappelant la vertu, le courage et l'audace des Romains, ne lui plaisait sans doute pas autant que son maître de grec. En parlant des exploits romains, les maîtres de latin devaient parvenir à captiver l'attention des fils de notables palmyréniens. Mais Zénobie se montrait plus hostile. Elle voyait d'un œil suspect ces hommes habillés à la romaine, le pan de la toge rabattue sur leur bras et des rouleaux à la main franchir le seuil de la maison paternelle. La mine superbe, la barbe taillée de près, la tête haute et fière, ils devaient saluer le père de Zénobie avec cette raideur propre aux Romains et se montrer d'une superbe détestable.

Zénobie apprit, pourtant, les textes des poètes latins, les textes des historiens, les envolées oratoires des avocats romains. Elle écouta son maître lui réciter les qualités romaines de l'époque augustéenne. Les soldats de tous les pays ne tremblaient-ils pas devant la puissance romaine ? Ne cédaient-ils pas devant les fameuses légions dont la pourpre faisait frémir tous les peuples ? Zénobie apprit aussi à connaître la vertu de ces madones qui étaient entrées dans l'histoire romaine pour leur chasteté ou leur courage.

Même si elle désapprouvait la situation de la Syrie et de Palmyre, Zénobie devait l'accepter et tolérer la puissance romaine. Un gouverneur romain dirigeait la ville. Odénath, le chef de la cité, était contraint, malgré ses titres, de se plier à la volonté des Romains. Le propre père de Zénobie obéissait aux règles de l'administration romaine. Zénobie préférait garder son identité. Sauvage et fidèle à son pays, elle se sentait plus syrienne que romaine. Afin de mieux lui faire connaître leurs alliés romains, son père, attentif, dut parler à sa fille des hauts faits des légions romaines. Il lui raconta sans doute des anecdotes fameuses qui témoignaient de leur grandeur d'âme et de leur courage.

La maison de Zénobie, comme celles des notables palmyréniens, était fréquentée par des savants venus du monde entier mais aussi par des sénateurs et des magistrats puissants. Ces hommes ne pouvaient que servir d'exemple à une adolescente avide de connaissances.

En grandissant, Zénobie dut, cependant, se montrer de plus en plus réticente envers les Romains. Était-elle la seule à manifester ainsi son mécontentement ou d'autres Palmyréniens étaient-ils prêts à refuser la mainmise de Rome sur leurs affaires ?

Une attirance pour l'Égypte

Les goûts de Zénobie l'entraînèrent à apprendre très tôt l'égyptien et l'histoire des pharaons. Elle se montra très sensible au destin des rois de la dernière dynastie, celle des Ptolémées et des Cléopâtre. Elle sut ainsi qui avait construit la plus grande pyramide, s'intéressa aux rois de Memphis, d'Avaris et de Thèbes, se passionna sans nul doute pour Aménophis IV, plus connu sous le nom d'Akhenaton, qui avait créé la cité du dieu soleil Aton où il avait fait construire un nouveau palais.

Akhenaton devait être un exemple pour tous les adorateurs du Soleil qu'étaient les Orientaux. Le pharaon avait rejeté le dieu de Thèbes Amon pour adorer une divinité principale symbolisant le Soleil et la lumière. Encouragé par son épouse Néfertiti, Akhenaton avait même fait bâtir en son honneur une nouvelle ville au nord de Thèbes : Akhenaton. Tendant à honorer un dieu unique et tout-puissant, le couple Néfertiti-Akhenaton pouvait être jugé comme le précurseur des adorateurs du Soleil.

Des reines et des épouses royales comme Néfertiti, Hatchepsout ou Cléopâtre, des maîtresses femmes comme les Julia, épouses des Sévères, devaient combler les rêves de Zénobie. C'étaient des femmes auxquelles elle aurait aimé ressembler. Elle ressentit donc une attirance irrésistible pour l'Égypte fascinante aux rites religieux si proches des siens. De même qu'elle souhaitait visiter la Grèce, elle se promit de se rendre un jour à Alexandrie pour marcher dans les pas de Cléopâtre.

Le maître de Zénobie pouvait être un Égyptien. Il lui apprit comment vivaient les Égyptiennes. Aucun détail n'échappait à son esprit averti. Elle aurait pris plaisir à se maquiller comme les Égyptiennes et à porter leur tenue en lin fin digne des plus belles épouses royales. Elle s'identifiait volontiers à ces femmes entourées de richesses qui vivaient dans le plus grand luxe. Les parfums épicés la séduisaient. Quel général, quelle princesse syrienne n'avaient pas été séduits par la majesté de l'Égypte ? César avait été assassiné pour avoir voulu régner aux côtés de Cléopâtre VII. Marc Antoine avait fléchi devant les douceurs des quartiers festifs d'Alexandrie. Telle Cléopâtre luttant contre l'envahisseur romain et cherchant à donner à son pays une totale liberté, Zénobie était habitée par cette foi que les dieux ne semblaient accorder qu'aux élues. Elle se sentait l'héritière d'un peuple, d'une origine, d'un passé aux habitudes et aux penchants totalement opposés à ceux des Romains.

Zénobie appréciait l'histoire de la reine Cléopâtre qui avait éliminé ses frères pour tenter de séduire César vieillissant. Rusée, charmeuse, intelligente, savante, elle avait cru en ses projets, avant de se suicider dignement après la bataille d'Actium. Vaincue, Cléopâtre était pourtant le symbole de la victoire parce qu'elle n'avait jamais fléchi devant l'ennemi, parce qu'elle avait choisi la mort plutôt que l'affront, parce que Octave n'avait jamais réussi à la faire défiler, les fers aux pieds, dans un triomphe.

Un esprit rebelle

Zénobie jugeait sans doute les Romains comme d'intolérables envahisseurs. Les soldats armés de lances qui arpentaient les rues ou remplissaient les tavernes de Palmyre soulevaient sa colère. Ils avaient apporté avec eux leur administration, leurs légions, leurs préfets, avaient agrandi les places, multiplié les voies en direction d'Antioche, de Damas, de Doura-

Europos. Succédant aux Grecs qui s'étaient installés à Palmyre après la mort d'Alexandre le Grand, ils avaient élevé des temples, orné la place publique de colonnes et de statues, commandé aux meilleurs sculpteurs des monuments d'un grand prix. Zénobie leur préférait sans doute l'indiscipline orientale. Elle n'oubliait pas que les Romains pouvaient recruter, en cas de besoin, des milliers d'autochtones pour les envoyer en campagne. Nombreux étaient ceux qui avaient péri sur les champs de bataille. Mais ils y gagnaient parfois un grade, un butin, un commandement ou un titre qui les satisfaisait. Zénobie aurait pu se montrer fière de la tenue de son père déambulant dans les rues de Palmyre en toge romaine. L'habit qu'il portait avec allure en discutant avec ses collègues romains devant le petit sénat de la ville aurait dû réveiller son orgueil. Car à n'en pas douter, son père avait de hautes fonctions à Palmyre.

Mais Zénobie gardait au fond d'elle-même – quand elle ne se révoltait pas devant son précepteur – la sensation honteuse qu'il pliait l'échine devant l'envahisseur et que trop d'anciens Bédouins avaient renoncé bien vite à leurs mœurs et à leurs habitudes pour adopter celles qu'on ne leur imposait qu'avec habileté et une apparente tolérance.

Les soldats romains n'étaient pourtant guère nombreux à Palmyre. Une aile de cavalerie recrutée en Thrace, l'allia Thracum Herculiana, forte d'un millier d'hommes, s'était installée dans la ville dès le IIe siècle. Zénobie pouvait encore lire sur certaines inscriptions les noms de préfets ou de commandants en chef qui s'étaient alors imposés dans la ville par leur compétence, devenant citoyens de Palmyre en charge des plus hautes fonctions. En 183, une nouvelle unité avait succédé à l'aile thrace. Elle était constituée de Gaulois commandés par le centurion de la IIe légion Trajane venu spécialement d'Égypte.

Mais ces déplacements de troupes n'empêchaient pas le recrutement local que Zénobie considérait sans plus d'indulgence. Elle se demandait sans doute comment le fameux Ulpius Iarhai avait pu honorer d'une inscription sur la place publique Tiberius, tribun de la XVIe légion Flavia Firma et préfet de l'aile Ulpia.

Des archers étaient venus grossir ces ailes et ces cohortes dès l'époque des Sévères. Ils formèrent la cohorte I Flavia. Zénobie était sans doute très fière de ces petites troupes recrutées parmi la population pauvre et placées dans toutes les régions d'Orient. Les archers demeuraient la fine fleur de Palmyre. L'un des fils de M. Ulpius Abgar, préfet des archers, avait ainsi placé une dédicace en l'honneur de son père sur la place publique.

Certains archers palmyréniens partaient pour plusieurs mois à l'étranger et finissaient par s'établir loin de leur ville en emportant leurs habitudes, leurs coutumes et leurs divinités.

IX

Un père caravanier ?

Les caravaniers

Le père de Zénobie devait avoir une fonction importante à Palmyre. Comme de nombreux notables palmyréniens, peut-être avait-il des tâches administratives ? Peut-être avait-il été ou était-il chef de caravanes ? Il est également possible qu'il fît partie de ces conseillers expérimentés que l'on venait consulter pendant les préparatifs d'une expédition exceptionnelle ou qu'il fût l'un de ces riches protecteurs qui organisaient des caravanes à ses frais sans toutefois les accompagner. Dans l'entourage de Zénobie se trouvaient des hommes de cette qualité. On peut donc se demander si Zénobie se contenta des récits qu'on lui faisait et si elle ne fut pas tentée d'accompagner l'un d'entre eux dans une expédition jusqu'au bord de l'Euphrate voire au-delà, bien que ce fût le domaine des hommes. À en juger par son caractère obstiné, elle aurait supporté sans faillir les marches dans le désert, les tempêtes de sable, les longues navigations et les repas ordinaires pris sous les tentes ou à la belle étoile.

Même si les Romains se montraient hostiles au roi des Perses Sapor, les habitants de Palmyre, qui soutenaient manifestement les Romains, ne souhaitaient pas pour autant provoquer la colère de Sapor et abandonner un commerce fructueux avec les régions de l'Est. Les Romains préféraient éviter les routes passant par le domaine de Sapor. Mais quels que fussent les redevances, les tribus, les droits de passage imposés aux caravaniers pendant leurs longs trajets, Romains et Palmyréniens étaient prêts à les payer. Qu'importe la route semée d'embûches qui les attendait, l'achat de vêtements en soie, de colliers et de bracelets en perles, d'épices, de parfum et de résine revendus sur les marchés rendait Palmyre riche et prospère. Les Romains et les Syriens devaient, néanmoins, se montrer vigilants et ne pas hésiter à recourir, si besoin était, à l'expérience irremplaçable d'un chef qui connaissait les routes les plus sûres, les moins onéreuses, les plus courtes et les moins pénibles.

Les Palmyréniens faisaient plusieurs fois par an des voyages vers l'est pour rapporter à Palmyre des produits dits de luxe achetés en Inde ou même en Chine. Sur la place publique, les discussions devaient tourner le plus souvent autour de ces voyages lointains. Chez elle, Zénobie entendait parler des vivres, des bêtes et des hommes – soldats romains, archers palmyréniens, chefs de caravanes, chameliers, guides – que l'on avait choisis pour les prochains départs. Les menaces perses revenaient régulièrement dans les propos des organisateurs. Conduire une caravane réclamait une extrême vigilance. Aussi les hommes chargés de la sécurité s'entraînaient-ils régulièrement au tir à l'arc et à la course. Zénobie écoutait parler de l'achat et du transport des marchandises, de la revente d'objets palmyréniens sur les marchés d'Antioche ou d'Alexandrie, des étapes faites à Charax et à Vologésiade, de la concurrence de Gerrha, des nouveaux navires, plus rapides et plus pratiques, que l'on fabriquait à Spasinou-Charax.

Zénobie rencontrait aussi dans les rues de Palmyre ou chez son père de riches marchands venant de pays lointains. Elle observait leurs tenues, leurs habitudes, les interrogeait sur leur culture et leurs croyances religieuses. Elle assistait sans doute aux ultimes préparatifs des caravanes lorsque les chameliers contrôlaient le ravitaillement, comptant plusieurs fois les sacs d'orge, de dattes, de blé, les gourdes d'eau et les tas de fourrage. Les Palmyréniens partaient avec du bois de Byblos, très recherché pour la construction des bateaux, des vêtements en peau de chèvre, des flacons et des fioles à parfum, des statuettes de divinités, des instruments de musique, du fer, des huiles parfumées, du vin et des pots grecs dont la finesse était appréciée dans le monde entier. Ces produits seraient vendus ou échangés. Les Palmyréniens et les Romains étaient conscients de ne pas transporter des objets aussi précieux que ceux qu'ils trouveraient en Inde ou en Chine. Il leur fallait donc emporter un nombre important de poteries ou de bijoux pour pouvoir acheter perles, soie et épices.

Des Bédouins qui connaissaient parfaitement les pièges du désert accompagnaient aussi les caravanes syriennes. On peut imaginer que certains d'entre eux supportaient difficilement les directives des Romains. Mais les chefs de caravanes savaient haranguer leurs hommes et les motiver. Ils étaient également capables de rappeler aux Romains qu'ils étaient uniquement là pour protéger les caravanes. Les Romains comme les Palmyréniens avaient, en effet, tout intérêt à ce que le commerce continuât et prospérât. Ils devaient tous se protéger des ennemis et des brigands qui convoitaient leurs biens.

Les femmes et les enfants se pressaient autour des cortèges qui se formaient sous le regard attentif des soldats romains. Certains se juchaient sur les terrasses des maisons les plus hautes. Le gouverneur romain donnait le signal des départs.

Les détachements romains postés à différents points stratégiques du parcours rassuraient les caravaniers. La plupart devaient, cependant, critiquer le comportement des colonnes romaines peu habituées au désert et à ses pièges. Ayant subi sous les règnes des précédents empereurs plusieurs échecs cuisants dans les régions désertiques, les Romains étaient devenus plus aguerris et plus prudents.

Les richesses convoitées

Une journée de marche dans le désert était à la fois fatigante et magique. Comme seul horizon se détachait une ligne sableuse un peu trouble sur laquelle semblait parfois danser l'eau argentée des mirages. Tantôt les caravanes progressaient au milieu d'étendues infinies, tantôt elles suivaient des pistes entourées de monts pelés et dorés. Les regards cherchaient en vain une colonnade de marbre, une oasis ou le haut d'un rempart. À la fin de la journée, lorsque les étoiles et la lune apparaissaient, si nettes qu'on semblait pouvoir les toucher, le silence tombait sur les voyageurs, las et somnolents presque sur leurs montures, bercés par le dodelinement des chameaux et des chevaux. Parfois, le vent se levait, soulevant le sable. Les caravaniers se protégeaient les yeux et la bouche de leur écharpe, courbant la tête, ne présentant plus aux bourrasques que leurs cheveux blanchis de grains de sable. Le cri d'un chacal déchirait les ténèbres.

Certains calculaient le poids d'épices ou d'aromates qu'ils comptaient rapporter de leurs expéditions. Les Romains tenaient beaucoup aux aromates du sud de l'Arabie qu'ils utilisaient abondamment dans leurs rites religieux, lors de leurs fêtes triomphales ou funéraires et dans la composition de leurs parfums. Ils préféraient les perles venant de l'Inde à celles d'Arabie. Ils espéraient bien rapporter aussi de l'ivoire, de la turquoise et des épices – poivre, gingembre, cumin, cannelle et safran, l'une des épices la plus chère à deux mille deniers la livre. Pour les gastronomes, la cannelle devait venir d'Indonésie via Madagascar, les clous de girofle de Chine, le nard de Bactriane via Charax, le poivre blanc et noir du sud de l'Inde, la muscade de Ceylan. À cela s'ajoutaient la coriandre, les grains de sésame, la menthe, la sauge, la gentiane, le citron.

Les Romains ajoutaient du poivre à leurs huîtres et du fenouil dans leur poisson pour mieux digérer leurs plats. Afin de conserver toutes les vitamines des lentilles, mets qu'ils appréciaient, ils les assaisonnaient de cumin et de thym. Pour échapper au choléra, rien ne valait à leurs yeux les baies de genièvre et le basilic. Le persil était excellent pour les calculs. Le thym soignait la toux et l'asthme. La sauge rendait les femmes fertiles et seule la menthe permettait de retrouver la mémoire.

Les Romains utilisaient aussi aromates et épices comme monnaies, notamment le poivre et la cannelle. Quant au citron, il servait à stériliser une plaie ou à se laver les mains avant un repas. Les Romains connaissaient aussi les bienfaits de la camomille et du romarin contre l'insomnie, l'efficacité de la marjolaine contre l'anxiété, celle de la carotte et de la mandarine contre la dépression.

Les aromates étaient achetés pour un usage personnel ou pour être revendus. Les Égyptiens étaient très intéressés par ce commerce car ils étaient sensibles à l'utilisation des aromates dans la confection des parfums. Mêlant des plantes pilées à de l'huile, du miel et des herbes aromatiques, les parfumeurs alexandrins étaient devenus célèbres. À l'époque de Cléopâtre, les Égyptiens utilisaient des centaines de livres d'encens, d'iris, de cannelle, de roses pour exercer leurs cultes. Ils attribuaient, eux aussi, des vertus thérapeutiques aux aromates. L'ail et l'oignon permettaient ainsi de lutter contre la fatigue physique, la cannelle de mettre fin aux épidémies. L'anis et le cumin facilitaient la digestion. Quand il avait appris les bienfaits de ces aromates, Alexandre le Grand en avait fait venir en Grèce. Quant à Hippocrate, le père de la médecine, il faisait livrer, dit-on, de la moutarde à Épidaure pour soulager les sciatiques et du romarin pour soigner les crises de foie.

Nous savons aujourd'hui comment les Égyptiens préparaient leur parfum à base d'aromates. Cette préparation est reproduite dans la tombe de Rekhmirê, un haut fonctionnaire ayant vécu au XVe siècle avant J.-C. Sur les murs de sa tombe, un parfumeur broie les aromates et en fait des mixtures chauffées à 65 degrés. Le parfum obtenu est mis en flacon ou mêlé à de l'amidon. Les Égyptiens fabriquaient des cônes qu'ils plaçaient sur leur chevelure et qui fondaient lentement en dégageant de suaves odeurs.

Depuis l'époque des Ptolémées, des caravanes se rendaient dans le sud de l'Arabie pour rapporter des aromates à Alexandrie, passant par Pétra, la ville des Nabatéens, et par les ports de la mer Rouge. Les saisons choisies étaient déjà les moins chaudes. Encore fallait-il éviter les intempéries, la saison des moussons lorsqu'on allait jusqu'en Inde, et les pirates. Les empereurs romains continuaient à envoyer des expéditions autour de la mer Rouge pour réprimer le banditisme et libérer les voies navigables qui permettaient d'atteindre les villes égyptiennes du bord du Nil.

Dans certains pays, l'attirance des Anciens pour

les aromates et les parfums était telle que certains sages avaient dû légiférer. En Grèce, par exemple, Solon en avait interdit la vente au VIe siècle avant J.-C., sous prétexte que la ville d'Athènes embaumait tant que ses habitants souffraient d'allergies et de perte de jugement.

Les parfums avaient également envahi Rome. Tous les habitants se souvenaient de l'empereur Néron qui avait fait brûler à la mort de Poppée plus d'encens que l'Arabie n'en exportait en une année. On parfumait les vins, les fontaines, les salles de banquets, les chambres. On remplissait d'aromates le ventre des animaux sacrifiés aux dieux. On parfumait le corps des défunts ou leurs cendres. On s'enduisait les sourcils, les cheveux, les genoux et le cou d'aromates odoriférants. À force de trop utiliser ces aromates, les Romains finissaient par écœurer leurs concitoyens, d'autant qu'ils se servaient aussi de fumigations pour conjurer le mauvais sort. Les fumigations d'aromates étaient très onéreuses. Les hommes avaient même créé pour eux-mêmes des gammes de produits de beauté à base d'aromates.

Les Romains échangeaient leur or, leur argent, leurs pierres précieuses, leur ambre, leur corail au prix habituel sans chercher à monter leurs tarifs. Les peuples de l'Est savaient apprécier leur honnêteté.

À l'instar des Palmyréniennes, les Romaines voulaient des robes et des foulards en soie, les hommes des coussins et des tuniques en soie. La soie était signe de richesse et de raffinement. Les couleurs éclatantes plaisaient particulièrement aux femmes.

Plus les jours passaient, plus les caravaniers devaient perdre de leur ardeur et de leur entrain car la route du désert était particulièrement pénible. Assis le soir sur des coussins poussiéreux et des couvertures posées à même le sable, ils se contentaient de viande grillée et de galettes de céréales. Les bêtes, elles aussi, étaient lasses. Mais l'enjeu était de taille…

X

Odénath

L'homme de la situation

Depuis l'an 251, alors que Zénobie ne devait avoir guère plus d'une dizaine d'années, un homme s'affirmait de plus en plus à Palmyre : Odénath. Il dirigeait avec autorité et justice une ville qui lui était tout acquise. Les Romains étaient satisfaits de sa politique et de son dévouement.

Septimius Odénath avait vingt ans de plus que Zénobie. Il était le chef de Palmyre. Les Romains lui avaient donné le titre de consul. Lorsqu'il s'absentait de Palmyre, il confiait volontiers la gestion de sa ville à Septimius Worod qui le secondait. Odénath conduisait lui-même ses troupes au combat. Son éducation lui avait permis, dès le plus jeune âge, de s'entraîner à la chasse et à la guerre. Non seulement il voulait combattre mais il souhaitait briller à la tête de son armée. Il avait reçu plusieurs fois les encouragements de Rome pour lutter contre les Perses. Le gouverneur romain, quant à lui, s'occupait de la gestion de la ville, décidait des séances du Sénat, mettait les projets de lois à l'ordre du jour et définissait les sujets que Rome voulait voir traiter entre sénateurs.

Zénobie connaissait Odénath. Il est difficile de savoir comment elle jugeait son courage, sa superbe et sa totale obéissance aux dirigeants romains. La famille d'Odénath, qui organisait des caravanes, devait fréquenter la maison de Zénobie. Les deux familles étaient peut-être assez liées pour s'échanger des dons.

Dès que Zénobie fut adolescente, Odénath s'intéressa à elle. Fut-il attiré par la jeune fille ou la famille de Zénobie organisa-t-elle ce mariage ? Odénath était un excellent parti : il était attentionné, riche et puissant. On le disait parfois un peu violent, voire cruel avec l'ennemi. Zénobie connaîtrait auprès de lui le luxe et l'aisance. Elle hériterait d'une fortune.

La famille de Zénobie devait se réjouir d'une telle perspective. Quant à Zénobie, elle était trop jeune ou trop indifférente pour manifester beaucoup de tendresse à Odénath. Elle admirait son courage face à Sapor qu'il ne craignait pas et qui tentait, pourtant, d'imposer sa loi en tous lieux après avoir assiégé nombre de villes et menacé les Romains. Zénobie était sans doute fière de devenir l'épouse du chef de Palmyre et la maîtresse d'un somptueux palais.

Seul son futur beau-fils Hérodien pouvait se montrer contrarié par cette union. Il savait que son père souhaiterait d'autres héritiers qui seraient aussi d'éventuels rivaux.

Zénobie devenait chaque jour plus intelligente et plus cultivée. Elle écoutait avec attention les discours politiques d'Odénath. Elle comprenait la situation délicate dans laquelle se trouvait le chef de Palmyre. Car les Romains avaient besoin des Palmyréniens face aux armées perses.

Odénath devait être séduit par le patriotisme de la jeune Zénobie qui n'admirait guère les Romains et par ses propos acerbes et directs. Mais il n'était entouré que de Palmyréniens heureux de leur sort et de leurs nouveaux titres, qui pouvaient faire élever des statues en l'honneur de leurs dieux ou des protecteurs de la ville. Les Syriens n'étaient pas prêts à se révolter contre les Romains. Ils vivaient dans l'opulence et le luxe. Odénath savait aussi que les Romains lui étaient utiles car les hommes de Sapor pouvaient être redoutables. Les caravaniers se montraient parfois inquiets des ambitions du Sassanide. Il était impossible de traiter avec lui car il possédait déjà tout ce qu'Odénath pouvait lui offrir. Or, plus Palmyre devenait puissante, plus Sapor la convoitait.

Quand les caravanes revenaient à Palmyre, Odénath organisait de somptueuses fêtes. Tous les chefs de caravanes et les hauts fonctionnaires de la ville se retrouvaient à cette occasion. Zénobie et sa famille étaient probablement invitées au palais. Le faste et le luxe plaisaient à la jeune femme. Elle aimait les cérémonies. Ses manières et sa culture lui permettaient de briller à la cour. Odénath, qui aimait la bonne chère et les plaisirs, faisait préparer des festins rares auxquels était convié le gouverneur romain. Bien qu'elle ne dût guère apprécier le côté grivois de ces soirées, Zénobie comprenait tous les avantages qu'elle pouvait tirer en y participant.

L'influence de Zénobie

Le mariage d'Odénath et de Zénobie dut se dérouler quelques mois avant les nouvelles menaces de Sapor qui convoitait Antioche. Valérien avait pris la tête de Rome. Il avait réussi à chasser Sapor de Syrie et à l'en tenir éloigné.

Vu les positions de Zénobie quelques années plus tard, la jeune femme devait déjà avoir des idées bien arrêtées. Les Palmyréniens n'avaient à son avis besoin ni des Romains ni des Perses pour rayonner en Orient. Les Palmyréniens étaient capables de faire du commerce avec l'Inde ou la Chine sans avoir recours aux escortes romaines. Bien qu'elle fût beaucoup plus jeune que son futur époux, ses discours, habiles, avaient de l'influence sur Odénath qui était moins rusé et moins intelligent qu'elle. Alors que les Palmyréniennes avaient coutume de rester en retrait des affaires de leur époux, l'ambitieuse Zénobie s'affirmait au contraire à la moindre occasion. Malgré sa jeunesse, elle faisait preuve d'une détermination surprenante. Odénath se laissait volontiers convaincre par les arguments de cette enfant douée. Le rôle de Zénobie ne pouvait consister seulement à élever des enfants et à s'occuper des réceptions d'Odénath tout en se faisant la plus discrète possible. Zénobie n'avait d'ailleurs pas la fibre maternelle.

Le fait qu'Odénath céda parfois devant Zénobie en disait long sur l'avenir du couple. Zénobie saurait gouverner aux côtés de son mari même s'il n'était pas homme à l'accepter facilement.

Zénobie voyait ainsi déambuler dans les rues de Palmyre des cavaliers en costume romain ou grec, cuirassés et casqués, en se disant qu'ils l'honoreraient bientôt comme la femme la plus respectable de la ville. Leur façon de monter, leur déhanchement souple n'appartenaient pourtant qu'aux habitants de Palmyre. Comment ne pas les reconnaître quand ils partaient galoper à cru avec une simple couverture de couleur en guise de selle ? Rivalisant de vitesse, se défiant à la course, tenant à peine les rênes de l'animal guidé par un simple claquement de langue, ils quittaient la ville avec une majesté incomparable pour s'éloigner dans un désert aussi sauvage que leur monture. Zénobie savait que ces cavaliers pouvaient se montrer aussi habiles que les archers de Palmyre. Lançant des flèches en pleine course, ils rataient rarement leur cible. Armés d'une lance et d'un bouclier, ces cavaliers contrôlaient parfois les préparatifs des expéditions avant de partir galoper dans le désert. Ils y retrouvaient les archers qui s'entraînaient en chassant et rivalisaient d'adresse avec eux. En ces périodes troublées, ils devaient se montrer plus vigilants encore qu'à l'accoutumée car les Perses se faisaient menaçants. Les cavaliers partaient aussi rejoindre les chameliers qui s'exerçaient à la course. En costume oriental et en jupe plissée, ils effleuraient de leurs talons nus les flancs de leur monture recouverte d'une étoffe en laine multicolore du plus bel effet. Leurs tenues simples se mêlaient à celles, plus sophistiquées, de quelques chameliers distingués portant bijoux, tunique longue et pantalons. Ces aristocrates palmyréniens au port altier agitaient avec allure et aisance leurs larges manches dans de grands mouvements de bras dignes des meilleurs orateurs.

Zénobie admirait la dextérité et l'adresse de ces hommes car ils représentaient ce à quoi elle était attachée.

Le mariage d'Odénath et de Zénobie

Zénobie et Odénath se marièrent vers l'an 255.

L'annonce du mariage de leur chef déclencha un sentiment de joie collective parmi les Palmyréniens. Zénobie se réjouissait, elle aussi, de se retrouver au centre des prochaines festivités de la ville. Le temple de Bêl fut abondamment décoré. L'autel du temple fut orné de branches souples garnies de petites feuilles habilement tressées. Des corbeilles de fruits aux hanses fleuries entourèrent le bas de l'autel. Tout fut préparé pour les sacrifices. Des acrobates et des musiciens s'apprêtèrent à se produire pendant les cérémonies. Suivraient les banquets pris sous les portiques.

Des marchands vinrent spécialement à Palmyre pour le mariage d'Odénath. Pendant les jours qui précédèrent la cérémonie, des manifestations eurent lieu chaque jour au théâtre. Les Palmyréniens festoyaient tard dans la nuit.

Odénath dut s'entretenir de la dot de Zénobie avec son père. Selon les coutumes palmyréniennes, ils se rencontrèrent à huis clos pour évoquer les obligations qui revenaient aux uns et aux autres.

Zénobie et Odénath se marièrent sans doute selon les rites romains. Le matin de ce jour historique, Zénobie passa beaucoup de temps à sa toilette. Elle avait conscience de l'importance de l'événement. Elle imaginait déjà le dessin des pièces de monnaie qui la représenterait avec son époux et qui circuleraient bientôt dans plusieurs pays. Elle aurait également sa statue sur la place publique, près de celle d'Odénath.

De nombreuses servantes s'affairèrent autour d'elle pour la laver, la masser, la parfumer et la coiffer. Elle avait revêtu une tenue sobre mais luxueuse. Quand elle fut prête, son père (ou son tuteur si son père était décédé au moment de son mariage) vint frapper à la porte de sa chambre. Il lui remit plusieurs bijoux puis il la conduisit auprès d'Odénath. Le chef de la cité avait revêtu une tunique d'un grand prix. Il avait fait décorer le palais. Le peuple scandait le nom des futurs époux.

Zénobie était probablement aussi populaire que son mari. Jeune, séduisante, intelligente, la jeune femme apportait à la cour de l'éclat et de l'esprit. Elle s'entourait déjà des meilleurs artistes et des plus grands savants.

Selon les habitudes romaines, la nourrice de Zénobie plaça dans des coffres les vêtements et les objets qui rappelaient son enfance. Vêtue d'une longue tunique blanche, les cheveux tressés et relevés, ceints d'une couronne de fleurs, Zénobie écouta les augures et les haruspices faire leur rapport au chef de la cité.

Puis le couple monta dans un char d'or et se rendit au temple de Bêl pour faire un sacrifice au dieu. Le cortège avança lentement dans les rues de la ville sous les vivats de la foule. Les femmes lançaient des fleurs devant leur char. Les enfants couraient après le cortège.

Les sacrifices en l'honneur des dieux durèrent toute la matinée. Puis le couple retourna au palais pour s'unir devant les prêtres. Zénobie et Odénath échangèrent des engagements qu'un fonctionnaire recopia très précisément sur une feuille de papyrus. Assis l'un à côté de l'autre, Odénath et Zénobie se répondirent devant un prêtre qui prononça les formules habituelles.

Zénobie était devenue Domina Septimia Zénobie. Elle devait être satisfaite des honneurs qu'on lui rendait. On fit défiler des présents devant elle. Elle écouta les fonctionnaires lui lire les plus beaux hommages. Après avoir entendu les félicitations des principaux fonctionnaires de la ville, des sénateurs et de toutes les personnalités venues des contrées voisines et amies, Zénobie et Odénath gagnèrent la salle des festins.

Après avoir longuement festoyé et être passée par la maison familiale, Zénobie rejoignit, comme le voulait la coutume, le palais de son époux à la lueur des torches. Les musiciens jouaient encore dans les rues de la ville. Les habitants ouvraient les portes sur son passage et jetaient des pièces ou des fleurs devant son char.

Quand Zénobie eut rejoint Odénath au palais, les serviteurs se placèrent devant eux. Ils répandirent de l'eau sur le sol afin de chasser les mauvais esprits.

Odénath offrit de nombreux présents à sa femme qui rejoignit sa chambre. Elle se laissa préparer par de jeunes suivantes qui la déshabillèrent et la parfumèrent. Devant la porte, les serviteurs lançaient les habituelles plaisanteries sur le mariage. Odénath rejoignit son épouse sous les vivats de la maisonnée. Les servantes chantaient, dansaient, tapaient violemment à la porte. Elles encourageaient Odénath. Quand Odénath ouvrit la porte, les femmes applaudirent. Zénobie était devenue la femme du consul et du chef de la ville.

XI

La vie à Palmyre

Une curiosité sans cesse en éveil

Zénobie se penchait volontiers pendant des journées entières sur les cartes que des archivistes étalaient devant elle. Elle voulait connaître toutes les routes que les caravaniers empruntaient. La plupart lui étaient inconnues. Avide de récits, elle écoutait les caravaniers raconter comment ils se rendaient de Palmyre à Doura et comment ils effectuaient des échanges dans les autres villes situées sur l'Euphrate.

Elle souhaitait tout entendre. Elle apprenait ainsi à connaître de grandes métropoles comme Ctésiphon, Babylone ou Vologésiade. Les marchands faisaient des récits colorés et animés de leur périple. Elle les invitait parfois au palais pour mieux profiter de leurs histoires racontées sur les marchés. Ils rapportaient à l'épouse du chef de Palmyre combien le caravansérail de Vologésiade devenait important, combien Charax se développait et combien Gerrha était riche avec sa vaisselle en or, en argent et en pierres précieuses. Les Gerrhéens possédaient des lits aux montants magnifiques, des tables et des tabourets sculptés, des cratères en or. Les portes, les murs et les plafonds de leurs maisons étaient incrustés d'or, d'ivoire, d'argent. On y voyait rutiler des pierres de toutes les couleurs. Les caravaniers construisaient alors leurs bateaux à Charax et embauchaient des pêcheurs locaux pour leur servir d'équipage. Il n'était pas rare qu'une centaine de bateaux fût nécessaire aux expéditions d'une année, surtout si les marchands souhaitaient aller jusqu'en Inde pour rapporter et revendre un bon prix de l'agate, de l'onyx, du lapis-lazuli, de l'indigo ou de la chalcédoine.

Tous lui rapportaient les mêmes propos. Certaines villes perdues en plein désert ou nichées près du golfe Persique se révélaient étonnamment riches. Ces villes finissaient par être plus fréquentées que Palmyre. Les caravaniers racontaient à la cour combien ces villes de passage étaient animées, comment on y faisait des affaires pour peu qu'on fût malin. On s'y levait à l'aube. Les commerçants étaient si nombreux qu'on aurait pu craindre de ne rien vendre mais il y avait toujours un acheteur intéressé. Les coffres s'ouvraient sur des pierres de toutes les couleurs, étonnamment grosses. Des paniers embaumaient de senteurs inconnues. Les clients tâtaient l'épaisseur des tapis et la souplesse des étoffes, respiraient les parfums et caressaient la soie.

Les caravaniers fournissaient aussi une liste complète des produits qu'ils ramenaient : de la vaisselle en or et en pierres précieuses, des coupes aux bords ornés de fins dessins – spirales, grappes, lauriers.

Autant de motifs que l'on retrouvait sur les tuniques et les couvertures.

Zénobie faisait acheter par des fonctionnaires du palais les plus belles bagues qui arrivaient des bords du Golfe, des épingles à cheveux dorées, des colliers, des bracelets et des couronnes. Elle ne portait guère de bijoux et préférait la sobriété mais elle appréciait les objets sans défaut et uniques. Elle devait aimer, comme les autres Palmyréniennes, les épingles ornées de perles qui étaient les produits les plus chers du marché. Elle commandait également de grande quantité d'encens pour honorer les dieux et parfumer le palais.

Zénobie devait aimer le corail et l'ivoire qui étaient très prisés de son temps. Elle portait volontiers des bijoux en argent quand elle avait préféré la veille des colliers de perles. Elle embaumait d'onguents parfumés. En sentant ses bras et sa chevelure, elle rêvait aux voyages que les Palmyréniens effectuaient jusqu'en Inde ou en Chine. Elle portait dans ses cheveux des chaînes fines en or dont les pendentifs en or et en argent mêlés ornaient son front. Il lui arrivait aussi de placer ces chaînes autour de sa taille ou de ses chevilles.

Zénobie aimait aussi se parer d'un diadème en perles ou d'un bandeau orné de fleurs qu'elle plaçait autour de sa chevelure. Elle appréciait les coiffures indiennes qui apportaient une note originale.

Comme elle appréciait le calme, la réflexion et la lecture, il est possible de l'imaginer, à l'instar des Palmyréniennes figurant sur les bas-reliefs de la ville, nonchalamment étendue sur un divan recouvert de coussins moelleux aux coins ornés de perles. Zénobie écoutait les chefs de caravanes quand elle n'était pas attentive à quelque poète lui récitant des vers grecs ou des contes égyptiens.

Certains caravaniers palmyréniens se rendaient ensuite à Émèse. Ils embarquaient pour Chypre puis partaient pour les ports grecs et romains. Il ne leur était pas nécessaire de faire escale à Rome. Il semble, toutefois, qu'ils y trouvaient de nombreux avantages. Certains furent tellement satisfaits des affaires qu'ils y firent qu'ils demeurèrent plusieurs mois en Italie. Ils y élevèrent des statues ou des monuments en l'honneur de leurs propres divinités. Des dieux palmyréniens furent également représentés sur des bas-reliefs ou des autels romains. Les signataires qui portent des noms romains sont probablement des Palmyréniens. Quelques inscriptions font aussi allusion à des entrepôts du Tibre où auraient peut-être travaillé des ouvriers palmyréniens. Prenant exemple sur les Romains, les Palmyréniens rapportaient de Rome de l'or, du vin, des tuniques en lin fin, de la vaisselle en argent, des objets en bronze et en étain qu'ils comptaient bien échanger en Inde contre de l'ivoire et des perles.

Ceux qui ne voyageaient pas jusqu'à ces régions reculées devaient avoir bien du mal à faire la distinction entre les récits légendaires qu'on leur faisait et la réalité. Certains contes se narraient d'une ville à l'autre. Ils arrivaient probablement aux oreilles de Zénobie qui réunissait quelques savants pour les interroger. À quoi ressemblait, par exemple, cet onyx dont elle entendait parler, qui se vendait à Rome ou à Alexandrie et qu'elle n'avait jamais vu sur les marchés de Palmyre ?

L'héritière des Cléopâtre

L'intérêt que Zénobie portait à la dynastie des Ptolémées et des Cléopâtre lui faisait aussi apprécier des objets en provenance d'Égypte comme ces coupes ou ces vases en verre teinté si fin qu'ils en étaient transparents. Elle achetait pour ses appartements des objets alexandrins en bronze, des représentations de dieux égyptiens, des figurines bleutées ou blanches du plus bel effet, travaillées avec une grande habileté.

Zénobie connaissait de nombreuses représentations du phare d'Alexandrie dont elle imaginait les différents étages en haut desquels brillait la flamme qui permettait aux navires d'accoster aux ports de la capitale égyptienne sans heurter les rochers. Peut-être avait-elle lu ou appris les vers des poètes qui avaient clamé la beauté et la grandeur de ce phare. Elle l'avait vu représenté sur des monnaies, sur des bibelots, sur des mosaïques. Elle avait entendu les marins qui avaient abordé à Alexandrie raconter combien ce monument entouré des statues de Ptolémée Philadelphe et d'Arsinoé II était exceptionnellement haut…

Comme toutes les Palmyréniennes, Zénobie devait apprécier le contact de la soie sur sa peau. Elle qui s'intéressait tant à la vie de Cléopâtre avait appris de ses maîtres que la reine d'Égypte aimait s'envelopper dans des tuniques de soie. Comment Zénobie n'aurait-elle pas été attirée par les mêmes matières et les mêmes tenues ?

Cléopâtre s'habillait de lin et de soie pour séduire ses amants. Elle recevait ainsi César ou Marc Antoine. Zénobie aimait aussi le contact du lin, ce *byssos* si fin qu'il en paraissait transparent.

Zénobie devait s'intéresser très précisément à la route qui passait par l'Égypte. Au IIIe siècle, les caravaniers se rendaient souvent à Coptos, à Memphis et à Alexandrie avant de continuer leur route en direction de la mer Rouge. Pour emprunter certains canaux, pour glisser sur le fleuve, les Palmyréniens avaient besoin de barges solides ou de larges radeaux. Il leur fallait aussi trouver du bois en quantité suffisante. Les chefs de caravanes achetaient le bois eux-mêmes. Il leur arrivait aussi de participer aux frais de construction des bateaux. À en juger par les représentations, ces navires avaient la poupe relevée comme certains bateaux égyptiens et la proue très droite. Les bateaux de commerce étaient équipés d'une voile rectangulaire, très large.

La population de Palmyre : langage, croyances, vêtements

À la charnière de l'Occident et de l'Orient, Palmyre était le symbole de deux mondes bien différents l'un de l'autre. On y entendait parler grec et latin sur la place publique ou au Sénat. Les banquiers et les hommes d'affaires employaient volontiers la langue de Rome. Mais les accents araméens résonnaient aussi sur les marchés car les commerçants et les nomades le parlaient toujours. Quant aux notables palmyréniens, ils apprenaient ces diverses langues à l'école et les parlaient dès leur enfance le plus naturellement du monde. Connaître les langues étaient pour eux indispensable puisqu'ils axaient leur principale activité sur le commerce.

Les notables connaissaient aussi l'histoire des peuples et des civilisations. Ils étaient très ouverts à la langue grecque et à sa littérature. Ils appréciaient ainsi les pièces comiques et tragiques mais aussi les vers bucoliques du poète Théocrite qui décrivait la vie quotidienne d'Alexandrie. Cela ne les empêchait pas d'aimer les subtilités des dialogues platoniciens.

Tous ces langages foisonnaient dans la ville et plus particulièrement à proximité des temples. On y entendait un brouhaha de langages divers dits sur le même ton enthousiaste.

Les Palmyréniens fréquentaient souvent les temples de la ville. Ils apportaient chaque jour des offrandes à leurs dieux, préférant le dieu Bêl à toute autre divinité. Les marchands étrangers vénéraient les dieux de Palmyre faute de prier les leurs. Sans doute retrouvaient-ils dans la lumière de Bêl le rayonnement solaire de nombreux autres dieux qui leur étaient familiers. Ils vénéraient aussi la triade composée d'Astarté, de Shadrafa et de Rechef ainsi que le couple

Allat et Shamash, le grand dieu solaire que les Bédouins imploraient.

Quand des tribus arabes venaient fréquenter les marchés, on entendait alors des accents nouveaux. Certains se disaient apparentés à des familles de Palmyre sans doute pour bénéficier des avantages des citoyens palmyréniens.

Les Palmyréniens qui parlaient grec étaient le plus souvent issus de la meilleure bourgeoisie. Des professeurs itinérants et recherchés leur avaient appris la civilisation et la littérature grecques. Ils connaissaient la philosophie de Platon et d'Aristote, les poésies de Plaute, les pamphlets d'Aristophane ou les récits historiques d'Hérodote. Ils avaient lu Homère et se plaisaient à réciter des vers du poète. Ils donnaient, à leur tour, à leurs enfants les meilleurs maîtres qui passaient d'une ville à l'autre pour transmettre leur enseignement.

Ils gardaient des Grecs les vêtements raffinés, élégants et fins, le langage choisi et chantant. Ils passaient volontiers du grec au latin sans même s'en rendre compte avec une aisance exemplaire.

Quant aux esclaves, parce qu'ils étaient vendus sur les marchés et qu'ils venaient des quatre coins du monde, ils se faisaient comprendre comme ils le pouvaient, le plus souvent par gestes.

Zénobie et Odénath tenaient à ce que toutes les dédicaces et les inscriptions de Palmyre fussent rédigées en grec et en araméen. Les inscriptions étaient d'ailleurs écrites dans les deux langues depuis un siècle. La bourgeoisie palmyrénienne avait été particulièrement influente en ce sens. Toutes les formules ou les dédicaces qui figuraient sur les statues, les monuments funéraires ou sur les places publiques – nouvelles lois, directives administratives, propagande politique – étaient en revanche rédigées en grec, en latin et en palmyrénien.

Les habitants préféraient conserver leur propre langue pour des messages plus personnels comme ces inscriptions qui figuraient à l'intérieur des tombes et sur les bustes placés dans les demeures particulières.

La population de Palmyre circulait aussi dans des tenues diverses. Certains portaient des tuniques à manches longues ou se pavanaient en pantalons larges et flamboyants, resserrés aux chevilles. D'autres portaient des zouaves qui dépassaient d'une tunique tout aussi colorée, ornée de dessins géométriques et de rosaces. Des galons et de la dentelle agrémentaient le bas des manches ou des tuniques. Des décors grecs ornaient les épaules, les poignets, les ceintures et les manches. Partout rutilaient des perles bleutées formant des dessins précieux sur des tuniques aux plis souples décorées de fleurs ou de feuilles brodées.

Les cavaliers et les voyageurs qui arrivaient à Palmyre portaient presque tous le costume grec à manches courtes qui laissait leurs jambes à demi nues, plus pratique que les tuniques longues et les larges capes locales. Les femmes étaient le plus souvent vêtues comme leurs maris. Lorsqu'elles se rendaient aux temples ou qu'elles assistaient à une procession, elles couvraient parfois leurs cheveux d'un fichu soyeux.

Elles protégeaient ainsi leur visage du sable et de la poussière.

Les Palmyréniens honoraient très souvent leurs dieux. Ils donnaient des offrandes à Bêl, le dieu tout-puissant de la ville, et à sa parèdre Beltis. Mais ils honoraient aussi de nombreux dieux secondaires symbolisant la lune et le soleil, le dieu infernal Tamouz, la déesse Anahit ou le dieu de la sagesse et de l'écriture Nébo. Les cavaliers et les chameliers qui s'apprêtaient à partir pour le désert offraient des sacrifices à Arsou. Ceux qui venaient d'autres contrées priaient les dieux palmyréniens ou leurs dieux personnels. Les Palmyréniens acceptaient volontiers ces dieux étrangers qu'ils mêlaient aux leurs. Si plusieurs dieux avaient la même fonction, les Palmyréniens faisaient alors un choix. Il leur arrivait aussi d'honorer pareillement deux dieux identiques. Ainsi Bêl et Baalshamin représentaient-ils un même dieu doublement vénéré.

Les Palmyréniens étaient des hommes joyeux qui aimaient la bonne chère. Les notables organisaient chez eux des spectacles d'acrobaties ou de musique. Les vins les plus fins et les mets les comblaient.

XII

La cour de Zénobie

La vie au palais

Raffinée et cultivée, sensible à l'esthétisme grec, Zénobie vécut sans doute dans un palais agréable agencé à la romaine. Elle donnait de nombreux banquets auxquels étaient conviés les plus grands esprits. Les esclaves, rigoureusement choisis, discrets et attentionnés, servaient avec style et élégance. Sur les divans disposés tout autour de la salle de séjour tombaient des pétales odorants. Dans les jardins intérieurs coulaient des fontaines agréables. Sur les murs et les plafonds se détachaient des scènes mythologiques, aquatiques ou pastorales, des dessins géométriques, des représentations de masques tragiques et comiques.

Les esclaves disposaient à la tête de chaque divan des coussins de soie sur lesquels se prélassaient les invités. Leurs épouses portaient leurs plus beaux bijoux et des broches de grand prix. Elles raffolaient des bracelets et des boucles d'oreilles à la mode. Leur chevelure enveloppée dans un voile retenu par un diadème brillait de la couleur du jais et tombait en boucles brunes de chaque côté de leurs épaules. Leur tunique drapée dissimulait le haut de leurs bras blancs. Leurs sourcils étaient soulignés d'un trait brun, leurs yeux entourés de khôl, leurs lèvres rougies à l'orcanette.

Lors de ces fêtes très goûtées par Odénath, Zénobie portait exceptionnellement des bracelets d'or, des bagues à chaque doigt, un pectoral imposant, de fines chaînes en or qui ornaient ses chevilles et ses cheveux, des peignes d'ivoire et des diadèmes de perles rappelant qu'elle était avant tout l'épouse du chef de la cité.

Quand elle apparaissait au bras de son époux dans la salle à manger, l'air sérieux et fier, les hommes devaient cesser leurs plaisanteries et les femmes admirer sa prestance.

Zénobie s'asseyait tout naturellement à côté de son ami Longin qui avait dirigé l'Académie et avait tout appris de son maître Platon. Zénobie l'avait fait venir à Palmyre. Odénath ne voyait rien d'autre dans cette amitié et cette complicité qu'une attirance de son épouse pour la culture hellénique. Mais il connaissait aussi son goût pour les croyances égyptiennes. Longin lui parlait d'Alexandrie. Ainsi Zénobie croyait-elle, comme les Égyptiens et comme bon nombre de Palmyréniens, que les défunts survivaient à leur mort et qu'il fallait les honorer. Si elle ne croyait guère aux héros divinisés, elle refusait l'idée épicurienne que les hommes devaient profiter de la vie parce que toute existence s'arrêtait au moment de la mort. D'ailleurs la mort existait-elle ? Les Égyptiens n'avaient-ils pas raison de penser qu'elle ne représentait qu'un passage dans l'existence d'un être humain ?

Longin lui racontait ainsi des anecdotes philosophiques qui pouvaient se révéler aussi drôles qu'édifiantes. Il avait l'habitude de lancer un thème de discussion. Suivaient des disputes de mots intelligentes et passionnées, enflammées par l'effet du vin que Zénobie ne buvait pourtant qu'en petite quantité.

Zénobie observait et écoutait tout. Elle jugeait son époux, rêvait encore à un avenir proche où Palmyre deviendrait le centre du monde comme l'avaient été Athènes, Alexandrie ou Rome. Si les richesses la séduisaient, rien ne l'attirait autant que le pouvoir.

Cette société de riches commerçants et de notables faisait un ensemble étonnant au palais. Habits orientaux et palmyréniens rivalisaient d'originalité et de couleurs à côté des tenues grecques et romaines plus classiques. Certains montraient leurs genoux : ils préféraient porter la tunique hellénique. D'autres arboraient de longues robes bigarrées. Ceux qui tenaient à afficher leur fidélité aux Romains avaient ressorti leurs tuniques blanches à bordures pourpres.

Zénobie n'avait d'yeux que pour les nobles qui avaient définitivement repris leurs habits locaux aux couleurs chatoyantes et chaudes. Leurs ceintures en tissu brodées d'arabesques rouges, vertes ou bleues rehaussées d'or leur donnaient fière allure.

Les musiciens recevaient l'ordre d'interpréter à la flûte des airs grecs connus et des chansons locales que les invités reprenaient en chœur. Les spectacles étaient parfois inspirés du théâtre grec ou romain. Mais les hommes préféraient les mises en scène égyptiennes chères au cœur de Zénobie. Odénath appréciait également les acrobates chinois propres à ravir les étrangers venus faire du commerce à Palmyre. Les dîners étaient également agrémentés de jeux de société et d'adresse. Les Palmyréniens lançaient ainsi dans un grand cratère le vin de leur coupe selon la méthode romaine. Toutes les maladresses étaient punies d'un gage. C'était à qui inventait la plaisanterie la plus drôle. Si l'atmosphère devenait pesante, Zénobie ramenait les discussions à des sujets philosophiques. Il lui arrivait aussi de quitter la salle à manger. Certains racontaient, en effet, qu'elle avait conservé une grande pudeur malgré son caractère affirmé et qu'Odénath, parfois rustre et brutal, admirait cette réserve qu'il encourageait.

Toutes ces habitudes, ces habits et ces langages divers faisaient un ensemble unique, symbole d'une ville située aux confins de deux mondes.

Pendant les banquets, Zénobie tenait aussi à ce que les mets fussent très variés. Pour ce faire, elle recrutait les meilleurs cuisiniers qui connaissaient toutes les sauces, tous les assaisonnements, toutes les épices. Ils allaient eux-mêmes sur les marchés pour faire provision de plantes et se procuraient chaque jour de nouvelles recettes en écoutant les Palmyréniennes ou en questionnant les marchands.

Odénath aimait les cailles farcies à la méthode égyptienne, les poissons salés et séchés au soleil, les sangliers au garum préparés par les Romains, les plats simples mais relevés appréciés des Chinois, les douceurs au miel, les boissons à la menthe, la bière égyptienne ou le vin grec.

Et c'était toute cette saveur mêlée qui faisait dire à Zénobie que Palmyre, phare du désert, pouvait devenir le centre du monde.

Une cour exceptionnelle

Zénobie se souvenait-elle de Ptolémée Philadelphe auquel elle se disait apparentée lorsqu'elle invitait à sa cour des savants et des artistes de renom ? Prenait-elle exemple sur Julia Domna, la femme de Septime Sévère ? Elle prit plaisir à écouter leurs discours et encouragea Odénath à faire de même. Celui-ci profitait des soirées culturelles imaginées par son épouse qui aimait s'entourer d'esprits brillants. Elle voulait tout savoir et tout apprendre. Cassius Longin était évidemment un habitué de ces soirées. Il était devenu le principal conseiller de Zénobie. Certains le trouvaient trop influent, déclarant même ouvertement qu'il était cruel et que son intransigeance rendait Zénobie plus intraitable encore qu'elle ne l'était. Il n'en déclamait pas moins ses sentences philosophiques à la cour et était apprécié d'Odénath.

Longin avait écrit sur Platon, sur Homère et sur l'art de la rhétorique.

Sa mère était peut-être d'Émèse. Il avait également enseigné à Porphyre un Syrien, qui avait refusé de le suivre à Palmyre lorsque la reine l'avait fait venir à sa cour.

La principale tâche de Longin était d'enseigner le grec à la reine. Leurs discussions devaient tourner autour des essais de Longin sur Platon et Homère que Zénobie appréciait particulièrement. Des thèmes à la mode évoquaient aussi la création du monde, le christianisme et les théories néoplatoniciennes.

Lors des festins, musiciens et poètes rivalisaient de talent. Ils déclamaient des vers comiques ou bucoliques. Un concours les opposait parfois. Zénobie décernait un prix aux meilleurs. Ces joutes oratoires n'étaient pas sans rappeler celles qu'Arsinoé II et Ptolémée Philadelphe organisaient à Alexandrie.

Des géographes et des historiens racontaient des récits extraordinaires. Certains revenaient de voyages lointains. D'autres échafaudaient des hypothèses. Des astrologues rapportaient le résultat de leurs observations et de leurs recherches. Ils venaient avec des plans et des esquisses, révélaient à Zénobie leurs dernières théories. De nombreuses idées entraînaient de multiples questions et la soirée se terminait souvent en débat animé.

Zénobie était fière de se montrer à la hauteur de l'illustre Arsinoé qui avait autrefois épousé son frère Ptolémée et sut faire d'Alexandrie la ville la plus brillante du bassin méditerranéen. Comme elle, elle demandait à son époux d'héberger les savants de passage à Palmyre. Ceux-ci dînaient à la cour et participaient au prestige de la ville. Or, les artistes du monde entier vivaient autrefois à la cour d'Alexandrie. Ils dormaient dans un bâtiment annexe du palais et étudiaient dans la bibliothèque. Ils recopiaient pendant des jours leurs théories sur des rouleaux de papyrus savamment classés, corrigeaient ou traduisaient des textes d'autres savants. Zénobie aurait volontiers reproduit cet exemple à la cour de Palmyre.

Le sophiste Callinicos de Pétra fréquentait aussi la cour de Zénobie. Callinicos avait enseigné à Athènes et étudié les antiquités romaines. Son ouvrage l'*Histoire d'Alexandrie* était dédicacé « à Cléopâtre ». Cette Cléopâtre était-elle Zénobie ?

L'historien Nicomaque, cité par l'*Histoire Auguste* et mentionné comme le traducteur d'une lettre que Zénobie écrivit pendant le siège de Palmyre à Aurélien, était lui aussi présent à la cour palmyrénienne.

Zénobie devait probablement inviter à sa cour des savants d'Apamée. Certains d'entre eux avaient créé une école néoplatonicienne. Les notables syriens connaissaient aussi les théories ou les textes de Méléagre, le romancier Héliodore, Lucien de Samosate, Jamblique de Chalcis, auteur d'un ouvrage sur la philosophie et le philosophe Odénath peut-être originaire de Palmyre. La littérature syrienne était également traduite en grec et parfois en latin. Les Syriens traitaient plus volontiers de thèmes religieux.

Zénobie devait aussi connaître Bardesanès qui avait écrit plusieurs ouvrages d'histoire et de poésie et qui défendait la religion chrétienne. Il avait transmis sa passion de l'écriture à son fils également écrivain.

L'influence religieuse

Zénobie était également influencée par les pensées de Mani au sujet duquel on a retrouvé plusieurs manuscrits dont les principaux sont ceux de Tourfan écrits en iranien et ceux du Fayoum écrits en copte. L'enseignement que donnait Mani et ses homélies marquèrent considérablement son temps. Sapor, lui aussi, admirait cet homme né vers 216 d'une mère perse. Mani avait reçu sa première révélation à douze ans. Il se disait le porteur d'un message du roi de la Lumière. Il était arrivé en Inde en 241. Mani nous apprend lui-même, à travers ses *Kephalaia*, qu'il partit prêcher à l'étranger pendant les dernières années du roi Ardachir. Sapor lui demanda de venir à sa cour dès que son père mourut. Mani passa donc de l'Inde aux pays des Perses et à Mésène. Sapor l'accueillit à la cour et lui permit de parler de la Parole de Vie dans son Empire jusqu'aux frontières du territoire romain.

Avant de rencontrer Sapor, racontent des adeptes, Mani avait voyagé pendant quarante ans. Il initia également le frère de Sapor à sa doctrine. Quand il se présenta devant lui, des lumières apparurent derrière ses épaules. Sapor, d'abord hostile au philosophe, adopta finalement sa doctrine. Mani en profita pour lui demander de respecter ses disciples et de les laisser voyager en toute liberté. Il avait, en effet, l'habitude de laisser des adeptes dans chacun des pays où il se rendait. Il y en avait déjà en Inde et en Chine. Sapor accepta tout ce que Mani lui demanda. Les auteurs chrétiens comme Eusèbe de Césarée dans son

Histoire ecclésiastique le traite de démon qui cherche à imiter le Christ. Mais il eut une influence considérable sur les souverains de son époque.

Zénobie était très attentive aux principaux cultes qui honoraient les dieux grecs même si ceux-ci n'étaient guère représentés à Palmyre. On y retrouvait, cependant, Némésis, la déesse des destins, Héraclès ou le messager Hermès.

Zénobie avait, cependant, dû étudier les cultes de Mithra et de Zoroastre. Elle connaissait parfaitement Astarté, la déesse de la lune, Baalshamin, le dieu des orages, Atargis, la déesse des puits et des nappes souterraines, la triade Astarté-Rechef-Shadrafa, Manah, Allat et Shamash, introduits à Palmyre par les nomades, Arsou et Abgal, protecteurs des chameliers et des cavaliers, Bêl et son épouse Beltis, Nébo, le dieu de l'écriture et du savoir, Yarhibôl, le dieu de l'eau, et son compagnon Aglibôl, tous deux assistants de Bêl, Nergal, le dieu des enfers, ou Jupiter Dolichenus.

Dans la plupart des cités se mêlaient de nombreuses religions. On y trouvait des sanctuaires chrétiens, des temples d'Artémis, des chapelles de Zeus-Baalshamin, de Bêl et de la Fortune. On organisait dans les temples des dîners somptueux aux sons des cymbales et des flûtes. Les danses dégénéraient parfois en manifestations obscènes qui soulevaient la colère des auteurs chrétiens.

Zénobie comme les autres Syriens devait être attentive aux cultes du soleil et de la lune. Son peuple avait toujours montré de l'intérêt pour l'astrologie, bien connue des Babyloniens. Cette passion et ses connaissances du ciel l'incitaient sans doute à honorer les astres et le soleil plus que tout autre dieu.

L'utilisation du calendrier solaire joua également un rôle important dans le développement de ces croyances. Sur le temple de Bêl se trouvaient les signes du zodiaque.

À la même époque, les philosophes et les théologiens accordaient, eux aussi, un intérêt particulier au Soleil. Macrobe considérait le soleil comme l'élément important de l'univers et du cosmos. Les Stoïciens et les Néoplatoniciens en faisaient l'éloge. L'empereur Julien développa une théorie personnelle à ce sujet. Vespasien honorait le soleil chaque jour comme le faisaient à leur réveil les pharaons. À en croire certains auteurs, il semble que les cultes solaires se dégradèrent peu à peu et ne méritèrent plus qu'on s'y attardât.

Zénobie ne pouvait négliger la vogue du christianisme qui se répandait en Syrie. De nombreuses sectes s'y développaient. Plusieurs auteurs écrivirent que Zénobie était juive et qu'elle apportait son soutien à Paul de Samosate qui avait une très haute fonction à Antioche. Un Juif du nom de Zénobius est en effet mentionné sur les inscriptions de Palmyre. Zénobie était connue pour avoir fait restaurer une synagogue. Longin, lui-même, s'était peut-être converti au judaïsme. Des familles palmyréniennes étaient célèbres en Galilée.

Mais les textes précisent aussi que Zénobie s'était convertie au manichéisme. En réalité, comme beaucoup d'Orientaux de son époque, elle devait connaître aussi bien les cultes polythéistes que les croyances monothéistes. Palmyre était alors au carrefour de bien des religions et de nombreux cultes anciens ou nouveaux qui suscitaient la curiosité. Chez un esprit aussi brillant et aussi vif que celui de Zénobie, toutes ces croyances représentaient des sujets de discussion à l'infini.

XIII

Maîtresse d'une ville lumière

Waballath

Odénath était heureux. Il avait une femme à son goût. Les Romains reconnaissaient son pouvoir. Il multipliait les titres et il eut bientôt un nouveau fils.

Un an après son mariage, Zénobie mit au monde Waballath, nom qui signifie en arabe « celui qui est donné par Allat », Allat étant la déesse protectrice de Palmyre. Le nom de Waballath fut également romanisé. Odénath lui donna aussi le surnom d'Athénodorus.

L'existence de Waballath n'a jamais été mise en cause. Elle est nettement attestée par bon nombre d'inscriptions, des papyri égyptiens rappelant le règne de Waballath et d'Aurélien et par des pièces d'argent que Zénobie fit frapper après la mort d'Odénath, notamment quand Waballath, couronné de laurier, fut reconnu empereur. D'autres pièces furent frappées à Antioche. Dès l'an 270/271, Waballath qui avait accédé au trône vers l'an 266, portait le titre d'Auguste comme l'empereur romain. Au-dessus de sa tête figurent les lettres VCRIMDR rappelant qu'il était Vir Clarissimus, Rex Imperator, Dux Romanorum.

Certains textes mentionnent curieusement deux autres fils de Zénobie : Herennianus et Timoleus. L'*Histoire Auguste* semble distinguer ces trois personnages. Cependant, Herennianus fait immédiatement songer à Hérodien et l'on peut se demander s'il ne s'agit pas ici de la même personne. Quant au prénom Timoleus, peut-être fait-il allusion à Waballath.

Odénath aurait également pu ajouter au nom de son fils celui de son père Hérodien et celui de son grand-père Waballath.

Si elle aimait son fils et si elle prit soin de son éducation, Zénobie n'avait pas la fibre maternelle. Zénobie considérait Waballath comme le véritable héritier d'Odénath.

Les monuments de Palmyre

Elle était fière des monuments de sa ville qui faisaient aussi sa réputation et celle de son époux. Parfois de riches donateurs fournissaient l'argent nécessaire à la construction d'un ensemble de colonnes. Ils contribuèrent ainsi à l'élaboration de cette Colonnade dont la construction s'étendit du IIe au IIIe siècle au moment où fut aménagé un quartier agréable où aimaient vivre les notables. Cette Colonnade n'était pas sans rappeler les grandes rues d'Antioche ou d'Apamée. Toute ville importante avait sa rue à colonnades où s'installaient des marchands groupés par corporation. Des portes hautes ornées de linteaux et de bustes permettaient d'accéder à des salles occupées par des vendeurs de produits variés. Ces rues majestueuses étaient souvent enrichies de monuments prestigieux.

L'architecture du temple de Bêl éblouissait tous les étrangers de passage à Palmyre. Ses portes gigantesques ornées de rosaces, ses chapiteaux corinthiens, ses façades, ses plafonds et ses colonnades le rendaient plus beau que n'importe quel autre temple. Les dorures et le bronze mettaient en relief les dessins et les chapiteaux rappelant l'art hellénistique et oriental. Des ouvriers l'entretenaient en permanence. Ils enlevaient les moisissures, blanchissaient la pierre, repeignaient les couleurs, restauraient des colonnes fissurées.

Odénath était très attentif à la conservation des plus beaux monuments de la ville. Le temple de Bêl représentait la fierté de Palmyre. Il devait donc refléter la richesse de la ville. Les sculpteurs y avaient fait représenter des scènes mythologiques, des cortèges, des offrandes, des frises ou des fruits aux contours harmonieux.

Quand les sculpteurs locaux lui paraissaient médiocres, Odénath embauchait des équipes expérimentées venant d'autres villes. Rien n'était assez beau pour Palmyre. Il voulait les artistes les meilleurs, les plus réputés et les plus chers.

Comme Zénobie, les Palmyréniens venaient nombreux honorer les mécènes qui avaient permis la création de ce sanctuaire et qui y possédaient leurs statues.

Au Ier siècle, un certain Iedibêl avait offert beaucoup d'argent aux prêtres pour agrandir le temple. Quelque temps plus tard, Malikô avait, lui aussi, aidé Palmyre à embellir l'édifice.

Nombreux étaient les notables et les caravaniers qui avaient également contribué à l'ornementation du temple. Moulures, rosaces, chapiteaux n'avaient pas leur pareil, donnant une apparence de très grande richesse et de perfection foisonnante où l'art oriental se mêlait à l'art hellénistique.

Quelques blocs helléniques subsistaient. Chapiteaux corinthiens, ioniques ou doriques, imités des Grecs, chambranles aux motifs géométriques, moulures ornées doves, de pirouettes, de rosaces, frontons hellénistiques se mariaient harmonieusement avec la complexité de certaines frises et de tourelles typiquement orientales. Des bustes de dieux ou de rois étaient signés de quelques généreux Palmyréniens qui avaient fait ces dons personnels à leur ville. Odénath veillait aussi à l'aménagement des voies qui permettaient l'accès au temple.

Au début de l'après-midi, il arrivait sans doute à Zénobie de se laisser conduire au théâtre. Les gradins étaient déserts. Si des étudiants ou des nobles venaient le matin discuter les uns de leurs cours, les autres des projets de lois du Sénat, au moment où le soleil arrivait au plus haut de sa course, les gradins blancs ne recevaient comme visiteurs que les rayons cruels et impitoyables du soleil.

Faute de documents, il ne reste qu'à imaginer Zénobie descendre de sa litière aux rideaux fermés et réclamer une ombrelle pour se protéger de la chaleur. Une servante l'accompagnait en l'éventant. Elle empruntait alors les escaliers qui permettaient d'accéder aux gradins. Puis elle s'asseyait le plus haut possible et contemplait l'endroit où évoluaient les acteurs et les mimes lorsqu'une représentation était donnée à Palmyre au petit matin. Elle lisait parfois des dialogues pastoraux et alexandrins, des satires du poète comique Juvénal ou des vers d'Aristophane.

Les Palmyréniens sortaient plus volontiers le matin après avoir reçu leurs amis ou leurs clients. À l'heure de la sieste, ils préféraient rester chez eux. D'où elle se trouvait, Zénobie distinguait les rues bordées de colonnes, les arcs et les chapiteaux de la place publique.

Bien qu'identique à de nombreuses villes romaines, Palmyre avait gardé ses caractéristiques. Zénobie n'ignorait pas que sous les constructions romaines se trouvaient les plans de la ville grecque et de l'ancienne Tadmor. Palmyre n'avait pas non plus cette symétrie propre aux villes romaines. Elle s'était agrandie au fil des temps et de la fantaisie. Même si l'on y retrouvait le goût des Romains pour les rues droites et parallèles, Palmyre gardait son originalité et son identité. Un vieux monument, une ancienne voie ajoutaient une touche particulière que ne possédaient pas les cités romaines au schéma un peu froid.

Quand elle n'allait pas au temple de Bêl ou au théâtre, Zénobie choisissait le sanctuaire de Nébo d'architecture plus romaine que le temple de Bêl, entouré de portiques au fronton exceptionnel et au toit à tourelles. Statues en bronze et en pierre mêlaient art grec et influence parthe. Dans certains sanctuaires, comme celui d'Allat, cohabitaient également des statues de déesses grecques et des bas-reliefs parthes.

Il ne fait aucun doute que des ateliers de sculpteurs existaient à Palmyre. Ces artistes étaient-ils grecs comme en témoignent leurs œuvres ? Ils devaient fournir les statues et les bustes funéraires commandés pour les enterrements ainsi que les sculptures payées par de riches citoyens pour honorer les dieux.

Trop peu de monuments de l'ancien temps subsistaient encore à Palmyre : une chapelle dans le temple d'Allat et dans celui de Baalshamin. Des salles délaissées avaient autrefois été le théâtre de grandes fêtes. Certaines étaient encore utilisées pour des rites religieux. On y retrouvait des autels où les prêtres faisaient des sacrifices aux dieux, des cours où le peuple et les notables de la ville assistaient aux rituels sacrés.

Quant aux tombeaux aménagés parfois comme de véritables monuments, ils étaient susceptibles d'accueillir des dizaines de corps placés dans des *loculi*. Ces tombeaux pouvaient être des temples, des sanctuaires voûtés ou des tours. Le défunt et sa famille étaient représentés sur les murs, le plus souvent allongés comme dans un banquet.

Les ambitions de Zénobie

Zénobie s'était très vite habituée à son nouveau statut. Tout le monde la respectait. Les esclaves et les domestiques la servaient avec respect. Parce qu'elle était ambitieuse, Zénobie considérait que Palmyre pouvait devenir plus importante encore qu'elle n'était. Même si ses monuments et ses temples soulevaient l'admiration de tous les visiteurs, elle devait en faire une nouvelle Alexandrie, lui donner le prestige d'Éphèse, de Rome ou d'Antioche.

Palmyre égalait-elle de telles cités ? Possédait-elle seulement des thermes, un gymnase, un hippodrome, un stade ? Ni les Grecs ni les Romains n'avaient songé à construire à Palmyre des bains publics. Seul Dioclétien en fit aménager. Les Grecs aimaient, pourtant, s'entraîner à la course du stade dans un édifice construit à cet effet. Dans toutes les cités grecques existaient un gymnase, un stade et un hippodrome. Les Grecs avaient coutume de rivaliser au javelot, au pugilat, à la boxe, à la course, au saut en longueur et à la lutte dès le plus jeune âge. Passant de la palestre où ils recevaient les leçons d'un pédotribe au gymnase où, à l'époque alexandrine, s'entraînaient ensemble hommes et femmes, les Grecs n'envisageaient pas de vie équilibrée sans efforts sportifs. Leur volonté d'accéder à la perfection d'un corps bien fait dans une tête bien pleine restait un idéal pour la plupart d'entre eux.

Que représentait la scène du théâtre de Palmyre, pourtant haute et majestueuse, en comparaison de certains bâtiments romains ou égyptiens ? Les Égyptiens n'avaient-ils pas construit les pyramides ?

Zénobie aurait également souhaité une ville plus peuplée car si les habitants paraissaient très nombreux à Palmyre, une fois les étrangers partis, la ville n'avait pas la population de Rome.

Cependant, un événement capital favorisa les ambitions de Zénobie. Sapor voulait de nouveau s'emparer des territoires qu'il convoitait depuis sa prise de pouvoir. L'empereur Valérien, qui l'avait déjà chassé de Syrie, avait l'intention de venir en Orient pour combattre en personne contre le Sassanide.

Le Romain avait la réputation d'être un bon militaire. Il ne s'engageait pas à la légère et accomplissait toujours ce qu'il disait. Il avait acquis à Rome une réputation d'honnêteté, de droiture et de courage. On le disait fier et déterminé. Jamais il ne fuyait devant l'ennemi. Son seul but était d'affirmer la puissance de Rome. Patriote et impatient de redonner à Rome son prestige et sa grandeur d'antan, il savait quelles épreuves il devrait traverser pour faire de Rome un empire incomparable.

À Palmyre, tous les soldats furent informés des volontés de l'empereur. Nombreux étaient ceux qui avaient déjà assisté à ses exploits. Odénath apprit que les forces romaines s'étaient regroupées. Quelques régions, jusque-là ennemies de Rome, préféraient se ranger aux côtés de Valérien. Valérien n'avait pas hésité à recruter des mercenaires venant de tous les pays et des soldats égyptiens. Tous ses hommes étaient parfaitement entraînés. Ils souhaitaient surtout rapporter d'Orient d'abondants butins et faire fortune.

N'ayant jamais pu traiter avec Sapor (bien que certains auteurs affirment qu'Odénath et Zénobie avaient souvent ménagé tantôt les Parthes, tantôt les Romains sans prendre vraiment parti pour l'un des deux), Odénath décida, dans cette affaire, de se ranger du côté de Valérien. Zénobie ne resta probablement pas inactive face aux menaces de Sapor. Elle encouragea Odénath et lui rappela la puissance de son armée. Elle était persuadée que Palmyre était plus forte que les Perses ou les Romains et qu'elle était capable de dominer toutes les cités du bassin méditerranéen.

Odénath avait dans son armée des Bédouins habiles qui avaient l'expérience du désert. Fiers, ils défendraient si besoin était leur territoire comme aucun soldat romain ne saurait le faire. La fermeté d'Odénath plaisait à Zénobie. L'expérience du pouvoir lui avait fait comprendre qu'elle avait mésestimé son époux sage et diplomate. En réalité, cet homme savait écouter, réfléchir, anticiper les complots, se montrer discret. Il savait se taire lorsqu'elle avait du mal à contenir ses colères. Zénobie apprit donc beaucoup de cet homme qu'elle pensait diriger à sa guise au début de son mariage.

Odénath respectait sa réserve et sa pudeur dans l'intimité. Elle ne refusait pas de répondre à ses avances mais elle ne les encourageait pas. L'*Histoire Auguste* rapporte qu'elle était chaste et peu attirée par les hommes, qu'elle ne concevait de s'unir à son mari que dans le but d'avoir un enfant. Sans doute les penseurs judéo-chrétiens exagérèrent-ils l'austérité de Zénobie dont même les croyances religieuses tendaient, selon eux, vers le monothéisme, voire le christianisme autrefois cher à Julia Mammaea.

Zénobie avait aussi de plus en plus d'influence sur

son époux. Les Palmyréniens lui reprochaient parfois son ambition. Certains voyaient même en elle une femme prête à tout pour régner sur Palmyre. Ces rumeurs se multiplièrent avec la naissance de Waballath. Sa mère voulait lui donner une éducation conforme à celle d'un prince. Elle était manifestement impatiente de le voir s'imposer à Palmyre au détriment d'Hérodien. Si l'on considère l'opiniâtreté dont elle fit preuve plus tard pour décider l'empereur romain à reconnaître Waballath comme son égal, il semble que rien ne pouvait arrêter les ambitions de Zénobie. Elle avait décidé de la carrière de son fils et du sort de Palmyre. Son destin et celui de Waballath étaient désormais scellés.

XIV

La guerre d'Édesse

Odénath prend le parti de Rome

Zénobie prit peu à peu de l'ascendant sur son époux. Elle agissait en coulisses et le conseillait volontiers. Mais bien qu'elle se mêlât parfois des décisions qu'il prenait, il lui était encore difficile de se faire entendre. Elle était encore très jeune en 253, lors de la dernière invasion de Sapor. Le roi perse avait malmené les Romains. Tous les Palmyréniens se souvenaient de sa cruauté.

Les soldats romains, dirigés par Valérien, avaient finalement réussi à chasser l'intrus. Mais les Syriens n'avaient pu que constater les dégâts : leurs champs et leurs villes avaient été pillés.

Bientôt la vie avait repris son cours. Les Romains avaient de nouveau fréquenté le palais d'Odénath. À l'heure des banquets, le vin coulait à flots. Les danseuses et les acrobates, loués pour la soirée, agrémentaient les festins. On mangeait à la romaine et l'on parlait latin. Allongés sur leurs triclinia, en tunique blanche et pourpre, les généraux romains se comportaient comme s'ils étaient chez eux. Ils n'en finissaient plus de faire l'éloge de Valérien et de ridiculiser Sapor le Perse.

Avaient-ils raison de sous-estimer la puissance de Sapor ? Le chef perse possédait une armée considérable. Zénobie la redoutait. Mais Odénath ne demandait qu'à l'affronter. Quant au peuple de Palmyre, il était de nouveau ébloui par le prestige de Rome. Odénath s'estimait dès lors en sécurité. Les Romains le protégeraient d'une éventuelle attaque de Sapor. Pourquoi le roi perse les défierait-il de nouveau puisqu'il avait pris honteusement la fuite à Antioche ?

Odénath prenait chaque jour plaisir à écouter les flatteries des nobles qui venaient lui rendre visite et le remercier. Mais Zénobie avait pu constater que son mari soulevait aussi la crainte et le respect. Elle n'en était pas peu fière.

Zénobie prit son mal en patience. En vivant aux côtés d'Odénath et en observant les hommes politiques qui venaient au palais, elle en avait tiré plusieurs leçons. Elle avait compris qu'en politique rien n'était jamais acquis. Si Odénath prenait un jour le parti de Sapor contre les Romains, les Palmyréniens trouveraient ce changement naturel s'il était nécessaire. Odénath n'apparaîtrait ni comme un traître ni comme un lâche en agissant pour le bien de sa ville.

Les menaces de Sapor

Sapor n'était pas homme à rester inactif. Il avait encore de nombreuses ressources. Il pouvait toujours empêcher les caravanes de sortir de Palmyre ou de poursuivre tranquillement leur route. Peut-être le rappela-t-il à Odénath. Peut-être préféra-t-il attendre le passage d'une caravane romaine ou palmyrénienne pour montrer sa force. Il donna probablement l'ordre d'en attaquer quelques-unes. Même si Valérien leur avait promis une assistance efficace et si les Romains surveillaient les routes, rien ne troublait autant les habitants de Palmyre. Comme toujours, lorsque leur commerce se trouvait en péril, Odénath dut réunir les responsables romains et les fonctionnaires de la ville. Fallait-il multiplier les postes dans le désert ? Palmyre devait-elle être entourée de murailles au cas où Sapor eût l'idée de l'assiéger ? Les Romains étaient-ils assez nombreux ?

Sapor devint de plus en plus menaçant. Il avança jusqu'aux portes de la Syrie sans hésiter à narguer l'armée romaine. Il lançait des défis aux chefs de caravanes. Surpris par tant de hardiesse et d'audace, les Romains présents en Syrie réclamèrent des secours à Rome. Quand ils accompagnaient les caravanes, les lents cortèges, les chariots trop chargés leur ôtaient cette rapidité de déplacement que conservaient les soldats perses habitués au désert.

Zénobie ne manqua sans doute pas de rappeler à Odénath que les archers palmyréniens étaient plus efficaces que les légionnaires romains, supérieurs en nombre mais incapables de combattre dans le désert. Mieux valait des escadrons rapides et peu nombreux qu'une armée habituée à une discipline pesante.

Valérien ordonna au général en place à Palmyre de recruter des mercenaires. Il envoya plusieurs légions à Palmyre. Elles devaient faire quelques incursions dans le désert afin de surveiller Sapor. Le roi des Perses ne demandait qu'à leur tendre des pièges à sa façon.

Tout en craignant les embûches que Sapor pouvait placer sur les routes des Palmyréniens, Zénobie devait apprécier à leur juste valeur les ruses du roi perse qui continuait à faire trembler les Romains. Elle assistait son mari et n'en restait pas moins attentive à l'éducation de son fils car Waballath commençait à soulever la jalousie d'Hérodien. Zénobie surveillait les activités de son beau-fils qu'Odénath considérait toujours comme son principal héritier. Elle avait bien l'intention de donner plus tard à son fils des maîtres de haut niveau tout en l'initiant à la chasse et à la guerre. Elle se chargerait elle-même de lui apprendre la politique et les avantages qu'une ville telle que Palmyre pouvait tirer du commerce. Elle lui ferait également comprendre comment un chef tel qu'Odénath gouvernait, quels étaient ses devoirs et les droits du peuple. Comme Zénobie se comparait volontiers à Cléopâtre, peut-être trouvait-elle des points communs entre son fils et Césarion, l'enfant de la reine d'Égypte et de César. Peut-être redoutait-elle aussi le sort qu'Octave avait réservé au fils de Cléopâtre. Elle cachait difficilement sa volonté de faire de son enfant le futur roi de Palmyre.

Les victoires d'Odénath

Encouragés par leurs récents succès, les Romains ne pouvaient tolérer les menaces perses. Ils voulaient donner une leçon au roi Sapor. Valérien souhaitait l'anéantir ou le chasser définitivement d'une région qui ne lui appartenait pas alors que Sapor manifestait plus que jamais sa volonté de reconquérir Antioche.

Agacé par sa morgue, Valérien conçut même le projet de gagner l'Euphrate et de le combattre au-delà du fleuve. Il ne voulait plus voir ses soldats menacés. Refusant de tolérer cette situation plus longtemps, il estimait l'action du roi perse comme une insulte pour Rome. Presque invincibles dans les batailles rangées, les Romains méprisaient les attaques des barbares incapables d'organisation. Toutefois, Valérien encouragea ses légions en leur recommandant la prudence envers l'ennemi qui ne combattait pas dans les règles de l'art mais qui était rusé. Or, l'objectif était bien de chasser l'ennemi. Il leur promit aussi un butin de guerre considérable. Pour l'obtenir, il suffisait de vaincre Sapor et ses troupes. Les Romains n'avaient-ils pas prouvé leur supériorité à Antioche ? Leur victoire n'avait-elle pas été totale ?

Valérien dut prononcer un de ces discours dont il avait le secret. Puis il réunit ses généraux. Parmi eux se trouvait un certain Macrien. Tous l'approuvèrent. Sapor renoncerait bientôt à lutter contre les Romains. Sans doute s'enfuirait-il comme il l'avait fait à Antioche. Le Perse osait narguer leurs troupes alors que sa fuite aurait dû le rendre humble et discret. Au lieu d'accepter sa défaite, il tuait des soldats syriens et avait recours à des ruses connues de lui seul. Valérien l'affronterait à sa manière et le mettrait à ses pieds. Les soldats perses seraient traînés en triomphe à Rome. Aucun roi ne pouvait l'emporter longtemps sur l'Empire romain dont le territoire, immense, symbolisait la puissance de l'empereur.

Zénobie connaissait ses faiblesses et sa force. Son récent succès suscitait l'enthousiasme d'Odénath qui estimait que cette campagne se terminerait vite et sans surprise. Odénath répondit même à la demande de Valérien qui tenait à le voir soutenir ses troupes sur le champ de bataille. La victoire semblant facile, il accepta de le rejoindre avec ses hommes. Valérien lui promit de nouveaux titres et le chargea de commander des troupes de mercenaires. Honneur suprême, il le nomma également à la tête de la cavalerie romaine. Jamais un chef local n'avait ainsi dirigé des troupes romaines. Fier de ces honneurs, Odénath dut quitter sa ville sous les applaudissements.

Zénobie ne laissa pas partir son époux sans crainte. Elle n'avait pas la belle confiance de Valérien. Au bout de quelques jours, les résultats des premiers conflits lui donnèrent raison. Un messager arriva à Palmyre. Il demanda aussitôt audience à Zénobie. Celle-ci se précipita dans la salle de réunion pour prendre connaissance du message que les Romains lui adressaient.

Le messager lui lut la lettre qui lui avait été dictée par son époux. L'empereur Valérien venait de subir une incroyable défaite près d'Édesse. Les soldats romains étaient presque tous morts sur le champ de bataille. L'empereur romain était prisonnier de Sapor.

Légèrement surprise, Zénobie comprit que les rares Romains qui avaient réussi à fuir chercheraient refuge à Palmyre. Elle fut sans doute soulagée d'apprendre que son époux était en vie. Waballath n'avait toujours pas l'âge de régner et Hérodien ne manquerait pas de les chasser tous les deux de Palmyre si Odénath mourait.

Le message la rassura car Odénath ne combattait pas aux côtés des Romains lorsque Valérien avait été battu. Les légions d'Odénath avaient donc réussi à s'enfuir. Odénath rentrerait à Palmyre sain et sauf. Il connaissait suffisamment le désert et les ruses de Sapor pour éviter les pièges du Perse.

Mais Odénath ne revint pas tout de suite à Palmyre. Zénobie s'attendait pourtant à le voir regagner la ville quelques jours plus tard. Les Palmyréniens avaient appris avec inquiétude la défaite romaine. Ils se réunissaient et redoutaient la vengeance de Sapor. Comme Zénobie, ils avaient hâte d'entendre leur chef leur faire le récit des événements. Comment se protégeraient-ils de l'ennemi perse qui ne manquerait pas de les anéantir ?

Tandis que les soldats romains et les archers palmyréniens encore présents à Palmyre s'organisaient à la demande de Zénobie, celle-ci réunit ses conseillers. Il fallait agir vite, protéger la ville par tous les moyens possibles. Zénobie réclama de toute urgence une évaluation des troupes ennemies. Où se trouvaient-elles ? Étaient-elles loin de Palmyre ? Pourquoi Odénath ne rentrait-il pas ? Sapor avait-il l'intention de raser Palmyre ? Préférait-il négocier ? Devait-elle traiter avec les Perses en l'absence de son époux ? Fallait-il réclamer des renforts à Rome ? L'incertitude devint pesante. Zénobie se demanda si elle devait envoyer des espions sur l'Euphrate ou écrire à Sapor.

Les troupes romaines, défaites, arrivèrent quelques jours plus tard à Palmyre. Le peuple les accueillit sans enthousiasme. Les sénateurs et le gouverneur romain préféraient attendre le compte rendu d'Odénath.

Le messager d'Odénath arriva enfin au palais. Odénath était sur le chemin du retour. Il souhaitait que l'on préparât son triomphe. Zénobie s'étonna d'une telle demande. S'il avait fui, Odénath devrait se passer de triomphe. Que s'était-il donc passé ? Son époux avait-il réussi à retourner la situation et à lutter contre l'armée perse ? Les sénateurs ne rejetèrent pas cette éventualité. Les marchands se prirent à espérer.

Zénobie ne savait plus que penser. Elle connaissait la supériorité de son mari sur un champ de bataille. Il était capable de réaliser des exploits. Les ennemis en avaient peur parce qu'il avait la réputation d'être cruel et impitoyable. Elle espérait, elle aussi, sa victoire. Elle reçut au palais les amis de son mari qui apportaient des messages de joie. On lui répétait qu'Odénath n'était pas un lâche et qu'il avait sans doute su tirer avantage de la défaite de Valérien. Zénobie n'osait y croire. Les Palmyréniens avaient-ils enfin montré leur supériorité ?

Les conseillers apprirent finalement à Zénobie que des Romains en fuite avaient rejoint les troupes de son mari. Était-ce avec ces soldats qu'il avait combattu de nouveau Sapor ? L'avait-il vaincu ? Les militaires étaient toujours rassurés de se placer sous la direction d'un chef digne de ce nom après avoir perdu leur général en chef. Si tel était le cas, Odénath pouvait rentrer la tête haute. Il avait réussi là où Valérien avait échoué. Cette perspective réjouit Zénobie qui n'attendait plus que d'embrasser son mari et de lui rendre hommage.

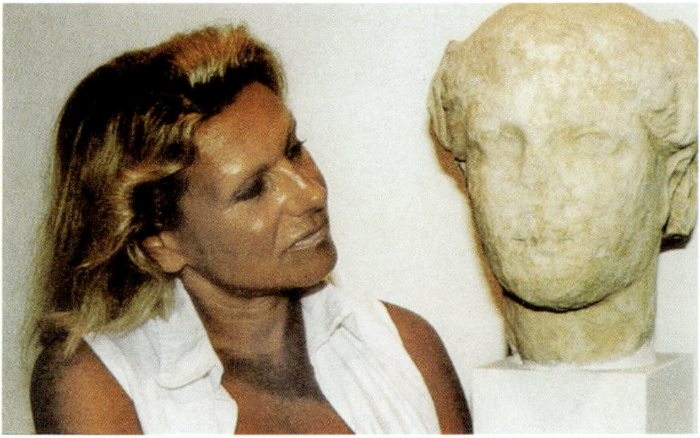

Violaine Vanoyeke à Rhodes,
étape des Palmyréniens en Méditerranée.

Intérieur d'une tombe palmyrénienne.

L'une des tombes les mieux conservées de Palmyre.

Détail d'un monument représentant une Palmyrénienne.

Vue générale de Palmyre.

Palmyre où se trouvent le sanctuaire
de Baalshamin et le temple de Male Agrippa.

Tombe de Palmyre.

Théâtre de Palmyre (la scène).

La colonnade.

L’intérieur du temple de Bêl.

Temple de Bêl.

Détail du temple de Bêl.

Vallée des tombeaux avec les tours de Jamblique et de Kithot.

Palmyre fut en partie détruite par Aurélien.

Détails en forme de rosace propres à Palmyre.

Détail de la scène du théâtre.

Arc à l'entrée de la Grande Colonnade.

Ruines romaines de Palmyre.

Moulure
(thalamos du temple de Bêl).

Zénobie figure aujourd'hui
sur les billets syriens.

XV

Les succès d'Odénath

Les fêtes triomphales

Telle Rome accueillant l'un de ses généraux en chef après une victoire, Palmyre prépara le retour d'Odénath. Ses habitants étaient d'autant plus fiers qu'Odénath avait réussi à sauver ses hommes alors que Valérien avait échoué. Le roi Sapor s'était vengé de l'ambition romaine. À croire qu'il avait fui quelques années auparavant pour mieux l'emporter sur Valérien.

Zénobie savait que Sapor chercherait de nouveau à envahir la Syrie et à s'emparer de Palmyre. La guerre était loin d'être terminée. Elle avait hâte d'entendre le récit de son époux. Comment Valérien avait-il pu se laisser battre ? Comment les archers palmyréniens avaient-ils échappé au roi perse ?

Elle dut, cependant, abandonner son mari aux acclamations de son peuple et s'effacer devant sa gloire pour attendre d'être en tête à tête avec lui. Odénath était devenu un héros. Mais elle voulait tout savoir avant de se consacrer aux réjouissances et aux défilés.

Odénath était d'excellente humeur. Il se croyait

capable de l'emporter définitivement sur Sapor et de venger l'affront que le roi perse avait fait subir aux Romains. Le lendemain de son retour à Palmyre, il revêtit une toge pourpre et monta sur un char tiré par quatre chevaux superbement harnachés. Derrière lui se tenait un esclave qui lui rappelait qu'il ne devait pas faire acte de démesure, qu'il devait rester modeste, penser aux dieux et ne pas se montrer orgueilleux pour ne pas être puni.

Le peuple rassemblé acclama le roi dès sa sortie du palais. Tous les Palmyréniens s'étaient massés le long des portiques, des rues et sur les places, se perchant sur des colonnes tronquées pour mieux observer. Les enfants étaient juchés sur les épaules de leur père. Des femmes jetaient des fleurs sur le parcours du roi. Les voies pavées furent bientôt jonchées de pétales multicolores. Des guirlandes décoraient le front de telle ou telle statue. Les archers du roi suivirent le char au pas. Rangés en file, impassibles et fiers, ils portaient leur carquois et leur arc avec dignité. Ils marchaient au même pas cadencé, plus disciplinés que les fantassins romains. Mais quelques cris de joie lancés dans la foule rappelaient qu'ils étaient bel et bien palmyréniens. Le bonheur illuminait les traits de leur visage au sourire satisfait.

Les cavaliers fermaient le cortège qui avançait lentement. Zénobie le suivit des yeux jusqu'à ce qu'il disparût au coin de la rue. Elle était soulagée de voir qu'Odénath croyait en la supériorité de Palmyre. Il avait prouvé lui-même ce qu'elle lui répétait depuis longtemps : Palmyre n'avait besoin de personne pour briller au firmament des étoiles.

Chacun avait préparé dans sa demeure plats et pâtisseries, vin grec et jeux de société pour fêter dignement le retour d'Odénath. Le seul détail qui contrariait Zénobie était de voir Hérodien défiler aux côtés de son père. Waballath avait été laissé à l'écart. Il était encore trop jeune pour susciter l'intérêt de la cour. Peut-être reviendrait-il un jour, lui aussi victorieux, d'une telle campagne.

Zénobie fit préparer sa chaise et ordonna aux porteurs de l'emmener au temple de Bêl. Elle voulait accueillir elle-même son époux lorsqu'il arriverait au temple pour honorer les dieux. Le Grand Prêtre fut informé qu'elle souhaitait assister aux sacrifices pour remercier les divinités de leur soutien et de leurs bienfaits. Les serviteurs se courbèrent devant elle et se hâtèrent d'exécuter ses ordres.

Le cortège resplendissant de pourpre et d'or traversa la ville aux sons des trompettes. Avant de pénétrer dans le temple de Bêl, le roi s'adressa au peuple et ordonna de faire venir quelques prisonniers. Ceux-ci défilèrent devant lui, les jambes entravées et les poignets liés derrière le dos. La plupart gardaient les yeux baissés mais certains portaient le front haut en regardant les Palmyréniens avec mépris. Le roi leur demanda s'ils acceptaient d'entrer dans son armée. Mais certains furent sacrifiés aux dieux. Odénath savait encore se montrer cruel.

Odénath rejoignit Zénobie dans le temple de Bêl. Elle aussi fut acclamée par le peuple si bien qu'Hérodien dut se placer en retrait. Lors de ces réjouissances populaires, Zénobie n'hésitait pas à emmener son fils. Le peuple paraissait alors faire autant de cas d'Hérodien qui était un excellent soldat que de cet enfant chéri par sa mère.

Zénobie tenait dignement son rang. Elle encourageait les applaudissements et les rires de la foule. Mais elle laissait aussi Waballath être applaudi toutes les fois qu'elle en avait l'occasion, montrant ainsi à Hérodien que l'héritier n'était pas définitivement choisi.

Le roi rejoignit les prêtres qui s'étaient placés en ligne devant l'autel de la divinité. Après avoir chanté un hymne en l'honneur du dieu, ils levèrent les bras vers le ciel et remercièrent Bêl d'avoir favorisé la campagne d'Odénath.

La famille du roi joignit ses chants à ceux des prêtres. Les bêtes furent alors traînées sur l'autel et égorgées. Telle était l'offrande faite aux dieux. Puis les prêtres dépecèrent les victimes et conservèrent les meilleurs morceaux pour les dieux de Palmyre. Le reste fut offert à la population.

Odénath donna le signal des réjouissances. Le cortège gagna les gradins du théâtre. Le roi voulait que le théâtre vibrât sous les cris de joie et les prestations des artistes. Des groupes de danseurs et de danseuses évolueraient tard dans la nuit. Des acrobates se produiraient sur les places. Dans chaque maison, coulerait le vin. Les mets se succéderaient tous plus succulents les uns que les autres.

Le spectacle combla l'attente du roi qui donna finalement l'ordre à ses gardes de le reconduire au palais.

Il remonta sur son char avec Zénobie. Elle prit de nouveau plaisir à se laisser acclamer par la foule. Zénobie était fière de son époux. Sans doute lui rappela-t-elle aussi la force et l'adresse des archers palmyréniens qui n'avaient pas démérité face aux Parthes. Peut-être Odénath comprit-il alors le message de sa femme qui souhaitait voir Palmyre définitivement débarrassée des Perses et des Romains. Jusque-là Palmyre n'envisageait pas le pouvoir sans les forces des uns ou des autres. Désormais, la ville n'avait plus besoin d'eux pour s'imposer.

Zénobie s'était toujours méfiée des Romains. Sapor l'ambitieux ne l'attirait guère. Il était temps de s'affranchir enfin de ces deux puissances. La tournure des événements donnait en effet plus de pouvoir à Odénath.

Le goût des banquets

Dès que le roi rentra au palais, les courtisans furent invités à pénétrer dans la salle de réception. Il est aisé d'imaginer ces banquets orientaux qui faisaient les délices de Palmyre. Dehors, la nuit était tombée mais la fête continuait. Les parfums embaumaient la pièce rafraîchie par une fontaine centrale. Les convives se couchèrent sur les divans et s'emparèrent de quelques fruits placés devant eux dans des corbeilles en osier. Des servantes leur rafraîchirent les pieds et les mains avant de placer des coussins soyeux sous leur coude. Des danseuses au corps à peine voilé entamèrent une ronde voluptueuse. Une chaîne fine en or ou un collier de perles ornaient leur peau mate. Leur chevelure retenue par un simple bandeau arrivait au bas de leur dos et brillait de maints reflets d'ébène bleuté. Entre chaque entracte on entendait l'eau de la fontaine couler discrètement avant que chaque discussion ne reprît.

Les danses accompagnèrent bientôt les propos enflammés. Des artistes évoluaient sur le sol aux mosaïques multicolores où semblaient revivre les poissons et les oiseaux des marais. Les parfums des convives se mêlaient, plus persistants les uns que les autres. Zénobie en avait fait mettre dans tous les recoins de la pièce. Les divans embaumaient la myrrhe et la rose. Des pétales tombaient du plafond. Les servantes inondaient les bras et les épaules des invités de senteurs fraîches. Odénath avait dû commander pour l'occasion les meilleurs produits aux marchands de passage à Palmyre. Comme à son habitude, le roi but sans doute abondamment.

Pendant ces festins, Odénath avait la réputation de passer du bon temps, de rire, de boire et de plaisanter bruyamment. Si elle était aussi réservée que le prétendent les textes, Zénobie devait peu apprécier ses plaisanteries grivoises, ses jeux sans raffinement ou ses bons mots frisant le mauvais goût. Assistait-elle seulement au dîner des hommes ? Peut-être tenait-elle à y entendre tout ce qui s'y tramait en observant les manœuvres d'Hérodien ou les bassesses de certains courtisans. Rien ne lui échappait. Le sort de Palmyre était entre ses mains. Elle le voulait ainsi. Son destin semblait tracé. Jamais elle ne laisserait quiconque en décider autrement.

À cette époque, Zénobie chercha peut-être à mettre encore davantage son fils en avant au détriment d'Hérodien. Il était apprécié des Palmyréniens qui devaient trouver Hérodien trop froid et trop distant. Or, Zénobie était persuadée que son fils était né pour régner. Hérodien avait cependant des avantages : il était beaucoup plus âgé que Waballath, lui aussi avait été formé et éduqué pour régner et il avait déjà fait ses preuves sur un champ de bataille. Waballath n'en hériterait pas moins d'un royaume puissant que personne n'oserait plus attaquer.

Zénobie se demanda si elle pourrait raisonner son fils lorsqu'il serait plus âgé et qu'elle aurait tout mis en œuvre pour développer son goût du pouvoir. Elle devrait bientôt changer ses éducateurs, choisir un nouveau maître de gymnastique, celui qui l'emmènerait chasser, celui qui lui apprendrait l'endurance et la guerre, celui enfin qui compléterait son éducation intellectuelle.

Zénobie devait éprouver pendant cette période de guerre une certaine admiration pour son mari, sentiment rare chez cette femme exigeante. Mais il lui restait une dernière étape à franchir. Odénath devait maintenant envisager le pouvoir sans secours extérieur pour donner un jour à son héritier un royaume tout-puissant.

Le témoignage de Sapor

Sapor évoque sa victoire d'Édesse sur plusieurs bas-reliefs situés à Naqsh-i-Radjab, Darabjird, Chapour et Naqsh-i-Rustam. Sur le Ka'aba de Zoroastre, Sapor rappelle qu'il adore Mazda, qu'il est le roi des Iraniens et des autres, qu'il est semblable aux dieux et qu'il est le fils du dieu Ardachir.

Il évoque cette troisième campagne pendant laquelle il a assiégé Carrhes et Édesse. Valérien, écrit-il, l'attaqua avec ses troupes de Germanie, de Rhétie, de Norique, de Dacie, de Pannonie, de Mysie, d'Istrie, d'Espagne, de Mauritanie, de Thrace, de Bithynie, d'Asie, de Pamphylie, d'Isaurie, de Lycaonie, de Galatie, de Lycie, de Cilicie, de Cappadoce, de Phrygie, de Syrie, de Phénicie, de Judée, d'Arabie, de Mésopotamie. Soixante-dix mille hommes se retrouvèrent en face de lui.

Sapor affirme avoir fait prisonniers Valérien et d'autres personnages importants de son armée comme le préfet du prétoire, des sénateurs et des officiers. Il incendia ensuite la Cappadoce, la Cilicie et la Syrie. Pendant cette campagne, Sapor avait pris aux Romains trente-six villes : Samosate, Katabolos, Alexandrette, Aigeai, Mopsueste, Mallos, Adana, Tarse, Augusta, Zéphyrion, Sébaste, Korykos, Anazarbe, Kastabala, Néronias, Flavias, Nicopolis, Epiphaneia, Kélenderis, Anémourion, Sélinous, Myônpolis, Antioche, Séleucie, Domioupolis, Tyane, Césarée, Comana, Kybistra, Sébastée, Barata, Rhacoundia, Laranda, Iconion…

Sapor ajoute qu'il honora ses ancêtres et les rois dépendant de son autorité ainsi que les dieux. Il envoya ensuite auprès de Macrien chargé des finances et du ravitaillement de l'armée romaine, qui habitait Samosate, un officier prisonnier appelé Clédonius. Il proposait une rançon en échange de Valérien et de ses hauts fonctionnaires. Non seulement Macrien refusa de traiter avec Sapor mais Callistus, préfet du prétoire, que l'on trouve évoqué dans les textes sous le nom de Ballista, repoussa les Perses en Cilicie. Les Romains s'imposèrent également en Commagène.

L'*Histoire Auguste*[1] rappelle trois lettres que des souverains orientaux auraient envoyées à Sapor pour la libération de l'empereur Valérien. Ces lettres paraissent fantaisistes. En revanche, il est écrit qu'Odénath de Palmyre réunit une armée pendant que Valérien passait sa vieillesse en prison, qu'il redonna à Rome sa puissance et prit les trésors et le harem de Sapor. Redoutant Ballista et Odénath, Sapor préféra alors rentrer en Iran.

Bien que la guerre ait duré au total six ou sept ans, Odénath dut intervenir assez rapidement contre les Perses. Syncelle, auteur byzantin, écrit qu'il combattit près de l'Euphrate et une dédicace de Worod figurant sur une statue palmyrénienne évoque les victoires du fils d'Odénath dans la région de l'Oronte. Ces succès se situent vers l'an 261.

*
* *

1. « La vie de Valérien », IV, 1 et 2.

Après la capture de Valérien, la confusion régna à Rome. Macrien fut nommé empereur par ses troupes. Ses fils, Macrien II et Quietus, prirent la tête de l'empire au détriment de Gallien, le fils de Valérien. Les Macriens partirent pour l'Italie tandis que Quietus prenait le chemin d'Émèse.

XVI

Odénath maître de l'Orient

Régner sur Alexandrie

La belle ville d'Antioche que l'on disait pourvue comme Éphèse d'une longue colonnade éclairée la nuit devait faire rêver Zénobie. Était-il concevable pour les Syriens que cette ville fût tombée aux mains des Parthes ? Antioche demeurait très convoitée avec ses théâtres, ses gymnases, ses basiliques, ses richesses plus étonnantes que celles de Palmyre. Antioche, elle aussi, accueillait des penseurs et des savants. Plusieurs croyances se mêlaient dans cette ville phare. De nouveaux rites voyaient le jour. Les divinités égyptiennes étaient très présentes. Certains prophètes évoquaient l'existence d'un dieu unique. Pour Zénobie, il ne pouvait s'agir que du dieu Bêl. Mais ces adeptes ne parlaient ni de Zeus, ni de Jupiter, ni même de Bêl. Ils citaient un certain Christ qu'ils disaient ressuscité.

Odénath encouragea peut-être l'ambition grandissante de Zénobie. Elle voulait régner sur les villes orientales et contrôler toutes les caravanes. Zénobie parlait aussi d'Alexandrie avec convoitise. Pourquoi ne la prendraient-ils pas aux Romains ? Les forces romaines laissées sur place ne devaient pas être bien inquiétantes. Habituées au repos, elles profitaient sans doute d'une vie facile. Maligne, la reine saurait tirer avantage de cette situation. Ses soldats entraînés en permanence remporteraient la partie ! Que d'avantages elle en tirerait ! Le blé serait acheminé vers Palmyre au lieu de l'être vers Rome. Les Romains perdraient leurs principales ressources. Les marchands palmyréniens n'auraient plus de taxes ni de redevances à payer. Palmyre serait maître du marché.

Zénobie commençait à se laisser griser par le pouvoir. Emportée par son enthousiasme, elle pouvait aussi entraîner la perte de sa famille et de sa ville. Mais sa décision était prise : elle souhaitait contrôler la Méditerranée. Quelles mesures prendrait Rome en apprenant qu'elle allait s'imposer là où la ville romaine avait autrefois vaincu ? Les Palmyréniens étaient-ils prêts à entrer en guerre contre Rome ?

Est-ce à cette époque que germa dans l'esprit de Zénobie l'idée de régner seule ? Certains auteurs affirment, en effet, qu'elle envisagea de régner sans son époux. Plus le temps passait, plus Zénobie était capable d'engagement total. Or, une épopée magnifique l'attendait. Tel Alexandre le Grand, Zénobie voulait conquérir le monde. Odénath était-il prêt à la suivre ? Zénobie confiait-elle ses ambitions à son mari ? Cherchait-elle à l'entraîner vers de nouveaux rivages ? Odénath calmait-il ses ardeurs ou se sentait-il capable, lui aussi, de dominer le bassin méditerranéen ?

Une armée exceptionnelle

Odénath réunit ses soldats qui étaient impatients de recevoir leur butin et leur récompense. Il savait que ses, archers attendaient son discours et les dons qui allaient l'accompagner. Aussi ne voulait-il pas les faire patienter trop longtemps. Le butin rapporté était important. Ses soldats avaient pu l'évaluer. Odénath voulait que son armée fût encouragée et largement servie. Les prêtres avaient reçu une part de butin appréciable et les dieux étaient satisfaits. Les militaires devaient maintenant recevoir ce que le roi leur avait promis. Car le service que les archers et les nomades avaient rendu à leur ville était immense. Sans soldats, sans cavaliers et sans archers, Odénath ne serait parvenu à rien. Zénobie ne pouvait qu'encourager Odénath à satisfaire l'armée. Les conseillers ne remplaceraient pas le courage, le patriotisme, l'habileté et l'endurance de ces hommes toujours prêts à partir au combat pour défendre les intérêts de leur ville.

La fête que le roi prépara pour honorer ses soldats dut être attachante et spectaculaire. Autrefois peu mondain, à l'aise au milieu des militaires, Odénath se retrouvait dans son élément.

Lorsque les trompettes retentirent dans la cour du palais et que les étendards claquèrent au vent, tous les soldats qui étaient revenus sains et saufs de la dernière campagne se placèrent en rangs serrés sur les ordres de leur chef. Ils étaient fiers et émus.

Le roi s'adressa à eux du balcon d'apparition afin

d'être vu de tous. Les militaires l'acclamèrent sans retenue en levant bruyamment leurs armes. Pendant toute la matinée eut lieu la distribution des récompenses. Certains se voyaient offrir des objets précieux, colliers, bracelets, or, pierres, d'autres des couronnes et des titres. Quand le discours du roi et la distribution furent terminés, chacun remercia Odénath. Les chefs se présentèrent devant lui et lui dirent quelques mots. La liesse était totale. Les élus gagnèrent les portes du palais, le sourire aux lèvres. Dehors, les attendait une foule enthousiaste qui les accompagna dans les rues de la ville. Il leur fallut montrer leurs biens et accepter les félicitations de leurs voisins.

Les femmes attendaient leur époux sur le pas de la porte. Elles avaient revêtu leur plus belle tunique. La chevelure relevée en chignon entourée d'un rang de perles, le cou orné d'un collier, les poignets ceints de bracelets en or, elles étaient interrogées par les enfants et des voisines curieuses de savoir ce qu'elles pouvaient ressentir en un jour pareil. Elles se contentaient de relever fièrement la tête et de flatter leur mari.

Chacune avait préparé un festin pour honorer son époux. Elle priait les invités de patienter en attendant le retour du héros, car les récompenses royales se fêtaient en famille et entre amis. Bientôt déboucha des rues principales une foule bruyante qui accompagnait ou portait les héros de la journée.

Les amis sortirent sur le pas de la porte. Ils voulaient voir les cadeaux du roi avant même que le propriétaire de la maison ne fût rentré chez lui. Les voisins s'approchaient. D'aucuns s'étaient satisfaits d'un simple don. Ils brandissaient leur couronne. D'autres ouvraient des coffres pleins de bijoux ou d'armes ciselées, sous les exclamations des Palmyréniens. Parfois, des cochers apportaient des meubles – tabourets, fauteuils, divans – qu'Odénath avait offerts à tel ou tel commandant en chef. Les enfants jouaient des coudes pour contempler chaque objet. Quand les Palmyréniens se furent réjouis devant ces symboles de la réussite et de la victoire, si beaux ou si modestes fussent-ils, les femmes des héros refermèrent leurs portes et donnèrent l'ordre aux domestiques de servir le meilleur des festins. Les artistes commençaient à chanter. Le vin coula à flots. Les servantes puisaient dans les cratères le liquide miellé avec de longues louches pour remplir les coupes d'argent des hommes et des femmes. Car les épouses avaient exceptionnellement le droit de festoyer avec leur mari. Les plus belles coupes, les couverts les plus somptueux avaient été sortis pour l'occasion.

Les nomades retournèrent dans le désert. Ils étaient prêts à répondre à une nouvelle demande d'Odénath.

La réponse de Gallien

Les soldats et le peuple furent sans doute comblés car Odénath était capable de faire preuve d'humanité, d'équité et de générosité. Son armée le lui rendrait bien et se souviendrait toujours de ce geste. Les soldats ne combattraient plus qu'en espérant recevoir un plus grand butin lors d'une prochaine campagne.

Zénobie comprit que non seulement Odénath avait gagné une partie de la guerre mais qu'il avait également conquis une armée qui leur serait à jamais fidèle. Même si le trésor volé à Sapor était important, Odénath avait dû puiser dans les richesses de la ville pour satisfaire tous ses hommes. De telles largesses, indispensables, avaient diminué leurs ressources.

Odénath avait payé ses soldats avec les taxes qu'il percevait sur certains produits comme le sel ou l'huile. Pour ce faire, il avait dû consulter les sénateurs et obtenir leur accord. Il lui fallait impérativement faire partir des caravanes pour renflouer les caisses de Palmyre.

Odénath avait besoin d'escortes militaires pour surveiller les chargements. Il convoqua les sénateurs sans attendre et mit ses projets à l'ordre du jour. Une autre question méritait réflexion. Les Palmyréniens avaient appris que Gallien, le fils de Valérien, avait besoin de leur aide. Interviendraient-ils pour sauver Valérien ? Odénath écrirait-il au roi perse ? Enverrait-il un message à Gallien ?

Odénath dut longuement réfléchir avant de prendre une décision et il se montra peut-être soucieux du sort du fils de Valérien. Zénobie se mêla sans doute de ces décisions. Elle souhaitait connaître les réactions de Gallien. En outre, elle dut pousser son époux à écrire au fils de l'empereur pour lui réclamer de nouveaux titres car elle savait tirer parti des situations. Si Odénath insistait sur le fait qu'il était en position de prendre le pouvoir et de s'emparer de Rome, Gallien se montrerait très généreux. À la suite de quoi, le roi de Palmyre aviserait. Les rumeurs qui venaient de Rome les incitaient à agir de la sorte. On disait Gallien débauché et incapable de régner. Il n'avait pas le caractère de son père et soulevait la révolte du peuple romain.

La politique qu'Odénath comptait mener avec Rome dépendait étroitement des relations qu'il allait entretenir avec Sapor. Zénobie dut démontrer à son époux combien il était périlleux d'envoyer alors des caravanes en plein désert. Zénobie voulait s'assurer avant tout de l'influence que Gallien avait encore à Rome. Pourquoi traiteraient-ils avec un candidat impopulaire qui n'avait aucune chance de régner ?

Si Odénath obtenait de nouveaux titres de Rome, il leur faudrait se passer du soutien de Sapor. La situation était suffisamment délicate pour consulter de nouveau les notables de la ville et les sénateurs. À quoi serviraient de nouveaux titres si Palmyre ne pouvait plus faire de commerce et si Sapor s'opposait aux Syriens ?

La solution pour le couple était encore de ménager les deux parties. Alors qu'il était prêt à dicter une lettre à Gallien pour lui assurer son soutien et son amitié, Odénath envoya peut-être une autre ambassade à Sapor. Pour ce faire, il fallait mettre en péril une précieuse escadre qui risquerait sa vie en partant pour l'Euphrate.

Une telle manière d'agir ne révoltait pas Zénobie qui était prête à engager facilement sa parole sans pour autant la tenir. Mais ce double jeu pouvait se révéler catastrophique pour Palmyre. Si leur tactique se savait, la réaction de Rome et celle de Sapor seraient immédiates. Odénath était-il suffisamment puissant et rusé pour se jouer des deux chefs ? Il semble qu'il dominait alors en Orient et que sa puissance était redoutée. Mais l'armée romaine était toujours efficace. Ses généraux pouvaient s'emparer du pouvoir à Rome au détriment de Gallien.

* * *

Le messager parti pour Rome revint avec d'excellentes nouvelles. Gallien s'était manifestement réjoui de la lettre amicale qu'il avait reçue d'Odénath. Celui-ci se disait prêt à rester son allié. Il réclamait des honneurs et des titres ? Gallien ne s'y opposait pas ! Il lui fit même une proposition inattendue : lui confier de nouveau le commandement de l'armée romaine ! Avec des soldats romains, Odénath pourrait ainsi combattre Sapor.

Cette réponse était une aubaine. Le couple dut s'en réjouir et s'étonner de la naïveté de Gallien. Même si Zénobie était persuadée que les seuls archers palmyréniens étaient capables de repousser Sapor, une telle offre ne se refusait pas. Restait à connaître la réponse de Sapor. Qu'allaient-ils faire si le roi perse acceptait leur amitié ? Odénath n'était pas homme à renoncer aux marques de respect dont les sénateurs faisaient alors preuve à son égard.

Que répondit Sapor si toutefois Odénath lui envoya bien un message ? Le roi perse devait encore se méfier de la duplicité des Palmyréniens. Accepta-t-il de pardonner leur longue alliance avec les Romains ? On imagine le roi des Perses dans toute sa superbe, entouré de sa cour, une tiare sur sa tête, écouter avec dédain dans un fauteuil aux accoudoirs sertis de pierres précieuses les mots agréables d'Odénath lus par un serviteur dévoué. Sapor n'était pas un souverain facile à convaincre. Il connaissait son pouvoir et son prestige.

Habillé à la romaine, étalant ses titres pompeux, admirant ses tenues pourpres dans le miroir de ses appartements, Odénath était sans doute devenu plus romain que l'empereur lui-même et refusait les dictats de Sapor.

Mais Zénobie était plus vigilante. L'avenir allait lui donner raison. Le roi des Perses se riait sans doute d'Odénath et de ses ambassadeurs. Pourquoi aurait-il accepté de faire alliance avec Odénath alors qu'il possédait une armée importante et qu'il contrôlait les pistes des caravanes ? La partie était loin d'être gagnée pour Odénath qui se croyait déjà le maître de l'Orient.

XVII

Gallien

Un empereur critiqué

Les rumeurs qui arrivaient de Rome à Palmyre devaient être diverses. Il était probablement difficile pour Odénath de prendre parti pour Gallien. Le prince associé au pouvoir de Valérien n'avait pas les qualités de son père.

Publius Licinius Valerianus régnait depuis 253 et soulevait l'admiration. Aristocrate rattaché à la famille des Licinii, Valérien n'était pas un officier de rang équestre mais un sénateur qui avait reçu une éducation exemplaire. Aurelius Victor, Zosime, Zonaras et Eutrope[1] donnent quelques indications sur sa carrière. Après avoir été consul suffect, il avait dirigé vers 250 les armées de Germanie et de Gaule qui l'avaient choisi comme nouvel empereur au détriment des princes Trébonien Galle et Volusien. Si d'aucuns avaient cri-

1. Aurelius Victor, *Césars*, 32, 1, 2 ; Zosime, *Histoire nouvelle,* 1, 14 et 28 ; Eutrope, IX, 7-9 ; Zonaras, *Histoire*, XII, 20 ; Orose, *Histoires*, VII, 22.

tiqué sa haine des chrétiens, d'autres avaient admiré son courage avant sa défaite face à Sapor. Depuis qu'il était prisonnier du roi perse et que son âge avancé – soixante-dix ans selon l'*Histoire Auguste* – lui laissait peu d'espoir de revoir un jour son pays, Gallien dirigeait à Rome le plus naturellement du monde.

Si elle méprisait Gallien pour ses faiblesses, Zénobie devait apprécier son goût pour la poésie et la culture, des passions qu'entretenait sa femme Salonine. Comme elle, Salonine avait créé des cercles littéraires et des salons où se réunissaient les savants du monde entier. Comme Zénobie, Gallien appréciait les néoplatoniciens et vantait les bienfaits de la philosophie.

Gallien connaissait tous les textes grecs. Plotin était à ses yeux le maître le plus intelligent qui fût. L'empereur tint également à connaître les mystères d'Éleusis remis à la mode par des sophistes athéniens.

Zénobie ressentait une certaine sympathie envers cet homme philhellène qui voulait devenir archonte et qui tentait d'appliquer à Rome des réformes autrefois adoptées par les Grecs. Tolérant, Gallien avait immédiatement mis fin aux persécutions de Valérien contre les chrétiens. Gallien était également conscient qu'il devait développer sa cavalerie et réorganiser son armée.

Publius Licinius Egnatius Gallienus avait été nommé Auguste par le Sénat. Ses principales préoccupations étaient les dangers qui menaçaient les Romains sur le Rhin et le Danube. Il semble qu'en 256 le fils aîné de Gallien, Licinius Cornelius Valerianus ait reçu le titre de César mais qu'il mourût deux ans plus tard. Son frère Salonin avait reçu à son tour le titre convoité. Il s'était alors heurté à l'un de ses généraux, Postumus, qui souhaitait sa mort[1].

Gallien gouvernait seul depuis que son père était captif. Il lui fallait combattre les ennemis de Rome et prévenir les complots. Gallien était en effet entouré d'usurpateurs prêts à prendre le pouvoir. Les rois s'agitaient dans les régions : Régalianus en Pannonie, Macrien en Asie. Ce dernier avait bien l'intention de se rendre en Égypte pour lutter contre les soldats de Gallien. Postumus était pareillement déterminé à éliminer Gallien.

La situation de Rome

La situation de Rome était alors catastrophique. Odénath s'imposait de plus en plus en Orient et Sapor ne redoutait toujours pas les Romains. Selon l'*Histoire Auguste*, Gallien demeurait étonnamment nonchalant face à ces dangers. Il aimait se rendre aux jeux du cirque et au théâtre. Il appréciait les festins et buvait sans retenue. Il avait une liaison avec la fille d'un roi germain du nom de Pipara qui soulevait les pires commentaires.

L'*Histoire Auguste* le présente comme un empereur qui ne se montrait jamais à la hauteur et qui se rendait même impopulaire auprès de ses soldats. Il

1. Eutrope, IX, 7.

faisait preuve d'une cruauté gratuite, affirme Ammien. Il osait fréquenter les tavernes comme un simple particulier et traiter avec les tenanciers, prétendait Aurelius Victor[1]. Il se laissait influencer par son épouse et l'écoutait plus que de raison. Il était paresseux, faible, débauché, insiste Eutrope. Julien[2] lui trouve même des manières peu dignes d'un homme. Ses accoutrements et ses minauderies lui donnaient des airs de femme.

D'autres auteurs rappellent plus volontiers le courage dont il dut faire preuve pour repousser les ennemis de Rome et prévenir les dangers qui menaçaient la ville de toutes parts depuis l'emprisonnement de Valérien. On raconta même, certainement à tort, que Gallien se réjouissait de savoir son père prisonnier de Sapor…

Certains Romains comptaient sur Macrien pour défendre Rome. Il semblait expérimenté et inspirait confiance. Il était fortuné, ce qui n'était pas négligeable pour assumer les dépenses auxquelles Rome était obligée de faire face car les guerres coûtaient cher. Les fils de Macrien montraient également un élan patriotique qui touchait les soldats.

Tandis que Quietus se trouvait en Orient, Macrien partit en Asie puis en Illyricum. Il dut combattre contre le général d'un certain Aureolus qui voulait, lui aussi, le pouvoir et fut vaincu.

1. Ammien, XXI, 16, 10 et XXIII, 5, 3 ; Aurelius Victor, 33, 3, 6 et 15.

2. Eutrope, IX, 6 ; Julien, *Césars*, 11.

Zénobie et Odénath n'apprirent pas ces nouvelles sans étonnement puisque Aureolus était maître de l'Illyricum. Mais le fait qu'un des fils de Macrien, Quietus, se trouvât en Orient leur était désagréable. Quietus était accompagné du préfet Ballista.

Pendant ce temps, à Rome, Gallien agissait comme s'il était déjà victorieux. Il était persuadé qu'Odénath éliminerait le fils de Macrien. Il lui offrirait en échange des titres enviables. Il organisa donc des jeux du cirque et des concours athlétiques dignes des jeux olympiques. Il multiplia les combats de gladiateurs tant prisés du public romain et fit programmer des chasses à l'amphithéâtre.

Certains Romains se révoltèrent. Comment Gallien pouvait-il se réjouir alors que son père était encore prisonnier et que le fils de Macrien pouvait s'imposer en Orient ? Mais l'empereur rétorquait que Valérien était haï pour sa sévérité et que Rome allait enfin connaître la bonté et la joie. Odénath veillerait à éliminer Quietus.

*
* *

Gallien remporta tout de même quelques victoires. Quand Aemilianus tenta de prendre le pouvoir en Égypte, il y envoya son général Theodorus.

Les Gaulois, agacés par les débauches de Gallien, prirent alors le parti de Postumus qui sentait son heure venue de monter sur le trône. Gallien commanda lui-même l'armée romaine et combattit Postumus mais il fut blessé d'une flèche. Postumus s'imposa donc en Gaule. Gallien devait faire alliance avec Aureolus pour l'emporter sur le traître.

Gallien devait également faire face à des envahisseurs : les Scythes tentaient de s'emparer de la Bithynie et détruisirent la Nicomédie.

Alors qu'Odénath réfléchissait à la politique à mener contre Quietus, des tremblements de terre ravagèrent les villes d'Asie. Rome, déjà touchée par la peste, ne fut pas épargnée. Les Goths avaient envahi la Thrace et assiégé Thessalonique. Les Scythes pillaient l'Asie, n'épargnant aucun temple.

Après avoir combattu Postumus, Gallien décida de fêter ses exploits. Le cortège qui accompagna ces festivités était somptueux. Les historiens nous en ont laissé un témoignage : de nombreux animaux – bœufs blancs, agneaux, taureaux – avançaient au milieu des gladiateurs. Les bêtes dressées déambulaient sous les yeux des Romains émerveillés. Ornements dorés, vêtements luxueux donnaient l'impression que Rome connaissait une grande prospérité. Les acteurs et les mimes, prêts à se produire, saluaient la foule dans des chars d'or. Gallien se tenait debout dans sa toge brodée et sa tunique blanche, entouré des prêtres et des membres du Sénat. Les légions défilaient avec leurs lances et leurs étendards. Les ennemis de Rome étaient représentés par des acteurs qui avaient revêtu les habits traditionnels des Goths ou des Perses.

Succédant aux festivités et aux banquets, plusieurs jours fériés furent accordés aux Romains.

Pendant que Gallien se réjouissait ainsi à Rome, Odénath déclara la guerre aux Perses. Il décida d'occuper Nisibis et Carrhes pour venger Valérien.

XVIII

Odénath contre Sapor

Deux ennemis : Sapor et Quietus

On imagine que plus le temps passait, plus Zénobie devenait experte en politique. Elle lisait sans doute les rapports des séances du Sénat auxquelles elle n'assistait pas, anticipait les décisions des sénateurs, donnait son avis à Odénath. On la disait fine conseillère et très perspicace en politique. Zénobie regrettait peut-être de ne pouvoir s'affirmer davantage. Elle devait se contenter d'exprimer ses opinions.

Qu'il ait reçu un message ou non d'Odénath, Sapor ne fit pas alliance avec les Palmyréniens. Dans ses écrits, le roi perse n'évoque même pas le chef de Palmyre. Au moment où il décidait de prendre le parti de Gallien, Odénath apprit que le fils de Macrien avait décidé de s'emparer du pouvoir à Rome et que Gallien pouvait être chassé de son pays. Cette nouvelle perturba les plans de Zénobie et d'Odénath. Si le fils de Macrien devenait empereur, leur alliance avec Rome serait rompue.

Il est aisé d'imaginer alors quel fut l'état d'esprit

des marchands palmyréniens qui voulaient reprendre à tout prix le chemin des caravanes alors que la guerre menaçait. Odénath passait chaque matinée au Sénat où étaient évoquées les questions perses et les humeurs de Sapor, la politique désastreuse de Gallien et les ambitions du fils de Macrien.

Tout le monde était d'accord sur le fait que le commerce devait reprendre. Odénath saurait vaincre les Perses une fois pour toutes. Mais il fallait maîtriser les ennemis de Gallien. Odénath devait diriger l'armée que Gallien mettait à sa disposition et anéantir Quietus. Le chef de Palmyre se sentait prêt à remplir une telle mission. Mais les soldats romains présents à Palmyre n'étaient pas assez nombreux pour combattre l'ambitieux fils de Macrien.

Les adversaires de Gallien étaient des hommes contre lesquels il fallait monopoliser une armée. Si Rome n'envoyait pas de nouvelles troupes et si Gallien n'avait plus le pouvoir de décider, Odénath manquerait d'hommes. Zénobie dut inciter son mari à combattre Quietus sur son terrain de prédilection : le désert... Il préparerait de nombreux pièges dans lesquels tomberaient les traîtres romains.

Afin d'accroître son armée, Odénath prit également la décision d'engager des hommes inexpérimentés mais adroits. Il sut les choisir, les mettre à l'épreuve et juger de leur capacité. Leur endurance dans le désert et leur patriotisme lui plaisaient. La plupart étaient de jeunes nomades qui ne venaient que rarement à Palmyre. Certains avaient déjà accompagné des expéditions pour gagner un peu d'argent. D'autres connaissaient bien Odénath et lui étaient tout dévoués.

Zénobie appréciait ces hommes en qui elle avait entière confiance. S'ils pouvaient se montrer roublards, ils ne baissaient jamais la tête face aux dangers. Racés et fiers, connaissant parfaitement le désert, ils se moquaient des armées romaines si importantes fussent-elles. Zénobie n'oubliait pas ses origines. Ne ressemblait-elle pas à ces hommes du désert ? Elle ne reniait pas non plus ses ambitions de voir un jour Palmyre briller au firmament des capitales.

Odénath rendait volontiers visite aux chefs nomades, ces Bédouins en robe longue, à la peau brûlée par le soleil et au visage fermé. Les conversations entre Odénath et les chefs bédouins pouvaient être animées. Le marché était simple : s'ils acceptaient de combattre dans l'armée palmyrénienne, les Bédouins pourraient rapporter une partie du butin chez eux. Comme les Bédouins n'étaient pas hommes à fuir après avoir engagé leur parole, Odénath était persuadé qu'une fois guidés et entraînés, ils formeraient d'excellentes recrues. Leur courage compenserait leur indiscipline.

Les sénateurs continuèrent à délibérer pendant de nombreux jours au sujet de la situation romaine. Gallien promettait à Odénath qu'il serait roi de Palmyre tant qu'il le soutiendrait. Odénath n'avait guère le choix : il fallait renverser Quietus.

Après les séances du Sénat, les patriciens allaient chaque matin parler au roi. Assis dans les cours du palais, à l'ombre des arbustes, près des fontaines, ils n'en finissaient plus de discuter sur les décisions à prendre. Les plus âgés, fidèles à Valérien et à Gallien, jugeaient la trahison de Macrien impardonnable. Odénath devait mater le fils de l'usurpateur.

Les Palmyréniens redoutaient aussi les dangers qui venaient de l'Euphrate et considéraient l'affaire romaine moins urgente que les menaces de Sapor. Les espions d'Odénath étaient affirmatifs : Sapor serait bientôt aux portes de la Syrie.

Zénobie était également partisane de lutter contre Sapor. Au palais, elle prenait enfin part aux délibérations des sénateurs avec la discrétion dont devait faire preuve l'épouse d'un roi. Très vite la question dut tourner autour de la stratégie à adopter. Fallait-il envoyer l'armée d'Odénath contre le roi des Perses et le combattre sur l'Euphrate ? Devait-on attendre Sapor en Syrie ?

Les sénateurs se demandèrent ensuite quel général ils placeraient à la tête de l'armée. Malgré son âge, Odénath avait bien l'intention de combattre Sapor en personne. Zénobie, qui était alors habituée à faire passer son devoir avant ses sentiments, n'intervint probablement pas, bien que la disparition prématurée d'Odénath pût lui faire perdre influence et pouvoir à Palmyre. Hérodien s'emparerait du trône et elle perdrait tout espoir de placer un jour son fils Waballath à la tête de la ville. Malgré l'influence que Zénobie avait sur son mari, Odénath ne se serait jamais laissé convaincre de rester à Palmyre. Encouragé par Gallien, le chef syrien se pensait invincible. Toujours aussi lucide, Zénobie était pourtant devenue très habile pour persuader son époux sans donner l'impression de se mêler de ses affaires. C'était même devenu chez elle une seconde nature, un art dans lequel elle excellait.

La mort de Quietus

Rome sortait perturbée par cette succession d'usurpateurs qui avaient tenté ou qui essayaient encore de prendre le pouvoir. L'assassinat d'un certain Cyriadès qui avait fait alliance avec Sapor en 259 et qui avait été nommé empereur était encore dans toutes les mémoires. Postumus qui avait pris le pouvoir pendant l'été 260 grâce à la ville de Cologne et au détriment du fils de Gallien Salonin s'imposait en Gaule. Ingenuus proclamé empereur par ses propres soldats en Pannonie, Regalianus, vaillant soldat, populaire et compétent sous Valérien, qui avait régné quelques jours grâce à ses troupes d'Illyricum, Aemilianus en Égypte, Macrien en Asie Mineure, en Syrie et en Égypte, tous menaçaient le pouvoir en place.

L'*Histoire Auguste* rapporte très brièvement qu'Odénath, informé de l'assassinat de Macrien et de son fils, de l'usurpation d'Aureolus et du manque d'ardeur de Gallien, ne perdit pas de temps pour affronter Quietus. Sur l'intervention de Ballista, préfet de Macrien, les amis de Quietus choisirent le parti d'Odénath. Ils tuèrent Quietus et jetèrent son cadavre par-dessus le rempart puis ils se rendirent à Odénath qui devint ainsi empereur de tout l'Orient. Ballista tua, à cette occasion, le responsable du Trésor de Quietus et plusieurs Émésiens chez qui avaient trouvé refuge des soldats de Macrien. La ville fut presque totalement détruite.

Faisant croire à Gallien qu'il prenait son parti, Odénath envoya un message à Rome pour lui annoncer la mort de Quietus. Gallien put de nouveau festoyer. Il offrit aux Romains des jeux du cirque, des pièces de théâtre, des concours athlétiques, des chasses dans l'amphithéâtre et des combats de gladiateurs. Il désirait voir le peuple se distraire et applaudir comme pendant les jours de triomphe.

Après la mort de Quietus, vers l'an 261, la situation empira. Le temple de la Lune à Éphèse fut pillé. Gallien se riait de ces infortunes. Des usurpateurs tentaient de s'imposer en Égypte ? Les Romains n'avaient pas besoin du lin égyptien pour vivre ! L'Asie était anéantie par les Scythes et les catastrophes naturelles ? Les Romains n'utiliseraient plus de salpêtre. Quant à la Gaule, il n'en avait que faire !

Gallien se décida, cependant, à attaquer Postumus avec l'aide d'Aureolus et de Claude, le futur empereur, et à chasser les Scythes d'Asie. Puis il rentra à Rome pour célébrer sa victoire.

Odénath en Orient

Sous le consulat de Gallien et de Saturninus (en 264), selon l'*Histoire Auguste*, Odénath partit pour l'Euphrate. Il donna des recommandations à ses conseillers et fit réunir ses soldats. Hérodien l'accompagna-t-il ?

Le temps était bientôt venu où il succéderait à son père et il lui fallait aussi faire ses preuves au palais.

Quelques jours plus tard, les trompettes annoncèrent dans la cour du palais le départ de l'armée. Les armes furent distribuées aux Palmyréniens qui avaient endommagé les leurs. Romains, Palmyréniens et Bédouins se retrouvaient dans la même armée. Les archers palmyréniens avaient manifestement hâte de rencontrer Sapor et ne redoutaient pas le désert qui leur était familier. Tous avaient une vengeance à prendre sur le roi perse.

Les Romains ne montraient pas le même empressement. Le domaine des Perses d'où pouvait surgir quelque piège insolite les mettait mal à l'aise. Ils préféraient les batailles en plaine où s'affrontaient face à face fantassins et cavaliers plutôt que des ennemis sournois prêts à les abattre au détour d'une dune. Ils supportaient très difficilement la chaleur et la sécheresse. La plupart arriveraient affaiblis aux bords de l'Euphrate avant même d'avoir combattu. Certains mourraient de soif.

Quelques Romains durent songer à rejoindre le camp de Sapor et à trahir Gallien mais cette initiative comportait bien des risques. Aussi finirent-ils par se plier aux volontés d'Odénath comme le voulait le Sénat.

Dans ce défilé hétéroclite, la disposition soignée des enseignes romaines tranchait avec la fantaisie des Bédouins qui chantaient, parlaient bruyamment ou poussaient des cris sans tenir compte du discours d'Odénath.

Ces soldats improvisés mettaient le cœur de Zénobie en joie car elle était persuadée qu'Odénath ne risquait rien en leur présence. Le roi saurait leur parler, partager leur angoisse, encourager les plus jeunes, dormir avec eux à la belle étoile. Zénobie reprenait confiance en elle en voyant leur superbe. Elle se disait un peu naïvement que de tels cavaliers sauraient protéger le roi d'une éventuelle rébellion romaine.

Odénath conduisait son armée sur un magnifique cheval blanc digne de l'empereur Gallien. La pourpre qu'il portait éclatait sous le soleil, visible par tous. Sa tenue et son port étaient identiques à ceux d'un Romain. Derrière lui, suivaient les cavaliers en rangs serrés. Les chevaux magnifiquement harnachés avançaient la tête baissée. Les archers palmyréniens venaient ensuite puis les troupes bédouines aux costumes bariolés, montant à cru leurs chevaux bis recouverts d'une couverture en laine colorée. Les bêtes semblaient impatientes de courir. Elles cherchaient à gagner la tête du cortège, hennissaient avec impatience tandis que les chameaux, excités par leurs cris, entraînaient leurs cavaliers hors du cortège.

Perchés sur des colonnes tronquées ou sur les remparts de la ville, enfants et adolescents acclamaient les soldats qui défilaient au pas. Des jeunes filles lançaient des fleurs en les encourageant.

Zénobie entraîna Waballath au balcon. Elle incita son fils à observer son père qui distribuait ses ordres. Lui aussi partirait un jour vêtu de pourpre en quête d'une victoire. Elle le lui avait promis. Waballath ne quitta pas des yeux le défilé jusqu'à ce qu'il arrivât aux portes de la ville. Il dut poser mille questions à sa mère, lui demander si Odénath partait longtemps. Zénobie lui répondit sans doute que son père rentrerait bientôt et lui fit promettre de prier les dieux.

Les ambitions les plus folles trottèrent alors dans la tête de celle qui se considérait comme la descendante de Cléopâtre. Elle rassembla ses fidèles conseillers et leur expliqua ce qu'elle redoutait. Peut-être que le roi de Palmyre et son fils ne reviendraient jamais des bords de l'Euphrate. Elle voulait interroger les devins et les sénateurs. Ceux-ci durent s'offusquer d'une telle hâte à s'interroger sur la disparition du roi d'autant qu'Odénath espérait remporter une victoire facile. Ils lui répondirent toutefois que si un destin aussi funeste endeuillait la ville, le pouvoir irait aux autres membres de la famille royale. Telle était la coutume. Zénobie acquit ainsi la certitude qu'elle pouvait devenir régente à condition qu'un membre de la famille d'Odénath ne revendiquât pas le pouvoir.

L'*Histoire Auguste* décrit Odénath à ce stade de sa vie comme un militaire audacieux, devenu justement célèbre, qui était aussi un redoutable chasseur. À force de chasser les lions, les léopards, les ours et toutes les bêtes des forêts, Odénath s'était habitué aux plaisirs virils qu'il privilégiait. Il appréciait également la vie dans les bois et les montagnes et avait l'habitude de supporter la chaleur ou les pluies. Luttant bravement, il était capable d'affronter la poussière et le soleil. Comme lui, Zénobie était courageuse et endurante plus qu'aucune autre femme d'Orient[1].

1. *Histoire Auguste*, « Les trente tyrans », XV.

L'éducation de Waballath

En attendant le retour de son époux et pour tromper son impatience Zénobie occupait ses journées à recevoir les sénateurs le matin et à écouter leurs conseils. Elle se tenait informée des questions à l'ordre du jour. Elle priait les dieux et assistait parfois aux cours de son fils.

Zénobie avait donné à Waballath les meilleurs professeurs mais elle tenait aussi à lui apprendre ce que représentait le pouvoir. Or, ces notions ne s'apprenaient pas dans les livres. Waballath devait également muscler son corps pour devenir aussi fort et endurant que son père.

Zénobie se rendait parfois dans une cour où s'entraînait son fils. Elle était entourée de salles de réflexion, de philosophie et de bibliothèques. Une façon d'allier l'exercice du corps et de l'esprit, complémentarité chère aux Grecs que Zénobie tenait à cultiver chez les jeunes nobles, futures élites de Palmyre.

Un pédotribe portait un manteau pourpre et surveillait les exercices de lutte aux sons du hautbois. Il réprimandait les mouvements imprécis et encourageait les meilleurs sujets parmi lesquels se trouvait Waballath. Zénobie se montrait satisfaite en le voyant arborer une couronne de laurier, preuve qu'il avait déjà gagné une épreuve dans la journée, sans doute une course à pied, domaine dans lequel il excellait.

La reine se tenait à l'écart. Elle observait l'adresse

de son fils au javelot, son courage à la boxe, sa vitesse au saut et paraissait rassurée.

Quand les athlètes avaient achevé leur entraînement, leur professeur les congédiait. Ils se précipitaient vers les salles de massage où de robustes Asiatiques, des boucles dorées aux oreilles et de larges bracelets en haut des bras, les attendaient devant des lits bas recouverts d'une serviette. Ils se laissaient racler la peau huilée sur laquelle avait adhéré la poussière et le sable. Puis ils se dirigeaient, la peau rougie par le strigile, vers les bains glacés.

Zénobie était heureuse de voir son fils aussi habile dans les épreuves d'ordinaire réservées aux Grecs que dans celles où excellaient les Romains. Waballath était tout simplement un enfant de Palmyre. Zénobie ne pouvait que le constater en ces jours ensoleillés où l'élite de la ville se préparait à suivre les cours du savant Longin. Elle interrogerait Longin plus tard afin de savoir ce qu'il pensait de Waballath. Lui seul était capable de lui donner un jugement objectif et lucide sur les capacités de son fils.

À ses yeux, il était indispensable que Waballath se mesurât à d'autres enfants de son âge. Il devait connaître la vie pour mieux l'appréhender.

Mais Waballath était capricieux. Il refusait parfois de se plier aux volontés de sa mère. Il n'avait pas non plus sa finesse d'esprit. Zénobie avait bien du mal à deviner quel serait le caractère de son fils. Ses maîtres affirmaient qu'il deviendrait un remarquable chef et qu'il était né pour succéder à son père mais n'était-ce pas là des flatteries ?

La victoire contre les Perses

La reine reçut, tout d'abord, des messages mitigés des bords de l'Euphrate. On lui rapportait que les premiers conflits avaient été terribles, que Sapor avait fait preuve de cruauté et d'habileté et qu'il avait finalement repoussé ses ennemis.

Mais après plusieurs semaines, Zénobie apprit que le roi des Perses avait finalement perdu la bataille. Odénath l'avait emporté grâce à sa cavalerie et au nombre de ses soldats qui avait dû surprendre Sapor. Tous les messages arrivant à Palmyre étaient donc optimistes et décrivaient la victoire sans faille d'Odénath et d'Hérodien.

Zénobie remercia les dieux et décida d'organiser le triomphe de son époux. Elle écrivit à Gallien pour lui apprendre la nouvelle et réconforta son fils qui se renseignait chaque jour sur les événements. Zénobie entretint sans doute l'enthousiasme du peuple palmyrénien.

Au moment où les troupes victorieuses entrèrent dans la ville, Zénobie manifesta le désir de les rejoindre. Les Palmyréniens y virent une volonté de féliciter les soldats et son époux. Elle souhaitait aussi se trouver aux côtés des vainqueurs pour profiter de ces acclamations qui jaillissaient des remparts. Elle voulait sacrifier aux dieux avec son mari. Peut-être Hérodien s'en agaça-t-il ? Mais qui lui aurait reproché de remercier les divinités en même temps qu'Odénath et d'accueillir le roi pour lui ouvrir les portes des réjouissances et du triomphe ?

Zénobie considérait qu'elle partageait cette victoire avec Odénath parce qu'elle avait conseillé le roi et qu'elle l'avait aidé. Ses actions politiques n'étaient jamais gratuites.

Pour mieux s'impliquer dans une campagne, elle était même capable de faire équiper une petite troupe et de partir dans le désert à la rencontre d'Odénath. Elle interrogeait les officiers, dînait avec eux à la belle étoile et se renseignait sur les exploits de son époux qui s'attardait dans les villes ou les villages qu'il traversait pour fêter ses victoires. Hérodien se joignait volontiers à lui lors de ces divertissements qui retardaient leur retour à Palmyre. Mais Zénobie ne s'arrêtait pas à de tels détails. L'important pour elle était que son armée l'emportât et qu'elle pût compter sur ses hommes.

L'*Histoire Auguste* témoigne des exploits d'Odénath qui dirigeait alors presque la totalité de l'Orient. Il était digne de porter les plus grands titres alors que Gallien s'adonnait aux plaisirs, à la débauche et à la paresse. Odénath fit la guerre aux Perses pour venger Valérien. Il occupa Nisibis et Carrhes dont les habitants se rendirent en injuriant Gallien. Odénath lui envoya les satrapes prisonniers. Gallien put ainsi célébrer son triomphe alors qu'un autre l'avait emporté. À cette occasion, il ne fit aucune allusion à son père qu'il croyait peut-être mort et qu'il se vit contraint de diviniser bien malgré lui.

Odénath souhaitait avant tout libérer Valérien. Il assiégea Ctésiphon, pilla la région et tua beaucoup d'hommes. Des satrapes vinrent porter assistance aux malheureux si bien que les combats durèrent plusieurs mois. Odénath eut bien du mal à l'emporter.

Zosime[1] rapporte lui aussi qu'Odénath agrandit l'armée romaine de ses propres contingents et qu'il partit combattre Sapor. Il prit les villes occupées par les Perses comme Nisibis et reconquit la Mésopotamie. Puis il marcha sur Ctésiphon à deux reprises.

En 263, Odénath porta le titre de « très grand vainqueur des Perses » et les monnaies d'Antioche évoquèrent le rétablissement de la paix.

1. 1, 39.

TROISIÈME PARTIE

XIX

Zénobie succède à Odénath

Les titres d'Odénath

Pendant qu'Odénath combattait ardemment en Orient, les soldats romains envisageaient de nouveau de changer d'empereur. Car après la Cappadoce où ils s'étaient emparés de plusieurs cités, les Scythes avaient envahi la Bithynie.

Gallien assumait à Athènes la charge d'archonte. Il assistait même aux cérémonies des Mystères et voulait devenir membre du conseil de l'Aréopage. Ce poète et cet orateur-né se désintéressait-il de la politique romaine ? On le disait très mystique. Ainsi, lors de nouveaux jeux donnés à Rome, un chasseur fut engagé pour tuer un taureau devant le peuple réuni ; l'homme, maladroit, le manqua à plusieurs reprises. Gallien le couronna néanmoins soulevant l'étonnement du peuple qui réclama des explications. L'empereur répondit que ce n'était pas facile de manquer dix fois de suite un taureau et que cela méritait une récompense.

Une autre fois, comme un marchand de perles

avait vendu de fausses pierres à sa femme, l'impératrice fit jeter le voleur en prison. Alors qu'il devait être livré aux lions, l'empereur le mit en face d'un poulet en prétendant que le trompeur se trouvait à son tour abusé.

La situation ne se prêtait pourtant pas aux plaisanteries. Sous le consulat de Valérien et de Lucillus (en 265), les Scythes se rendirent à Héraclée du Pont, sur le rivage de la mer Noire, avec une nouvelle flotte. S'ils perdirent de nombreux bateaux dans plusieurs batailles navales, ils remportèrent chez eux un butin appréciable.

Sous ce même consulat, Gallien décida, selon l'*Histoire Auguste*, d'associer Odénath à l'empire et de lui donner le titre d'Auguste. Il semble qu'Odénath ait en fait reçu la direction de l'ensemble de l'Orient. Le même auteur prétend que Gallien fit frapper une monnaie au nom d'Odénath sur laquelle le roi de Palmyre était représenté avec des soldats perses. Il est même précisé que le Sénat et le peuple romains approuvèrent cette décision. En réalité aucune monnaie ne paraît avoir été frappée en l'honneur d'Odénath sur l'ordre de Gallien. Une pièce placée au musée de Damas présenterait Odénath d'un côté en général en chef romain, de l'autre en « rois des rois » avec une tiare et un diadème royal.

Si les victoires de Sapor pouvaient encore être contemplées sur des sculptures rupestres comme à Bichapour, Odénath n'en avait pas moins mis un terme aux succès des Parthes avec sa propre armée. Certains soldats s'en plaignirent dans l'armée régulière. Le roi de Palmyre punit même Quirinus qui était manifestement trop bavard et qui remettait en cause son pouvoir. Comme il a été dit, le roi de Palmyre avait tout d'abord reçu le titre de « commandant (dux) de l'armée romaine ». Il était ensuite devenu « imperator », c'est-à-dire commandant suprême, titre que portait l'empereur de Rome. Odénath agissait bien avec le consentement et sous les encouragements de Gallien.

En revanche, en ce qui concerne son titre de « roi des rois » désignant généralement le roi de Perse, Odénath se l'était peut-être attribué d'office. Son fils portait le même titre que lui, comme l'atteste une inscription palmyrénienne de l'arc de la Grande Colonnade. Odénath se l'était-il attribué après sa victoire sur les Parthes ? Son fils Waballath se ferait ensuite appeler « vainqueur des Perses, des Arabes, des Adiabéniens » en souvenir de ces exploits. En se faisant appeler « roi des rois », Odénath avait peut-être l'ambition de créer un empire gigantesque avec l'aide des Romains et des Parthes. Odénath n'en a pas moins toujours respecté les directives qui venaient de Rome.

Odénath avait ainsi reçu de Rome le titre de « corrector totius Orientis », correcteur de tout l'Orient. S'agissait-il pour lui de réorganiser l'Orient ? De le diriger à la place de Gallien ? D'agir au nom de l'empereur romain ? Quelles étaient les places et les provinces concernées ? Certaines possédaient déjà leur propre gouverneur. Odénath se voyait confier la Syrie, la Mésopotamie qu'il avait prise à Sapor et redonnée aux Romains, peut-être l'Arabie, la Commagène et la

Cappadoce. Son principal lieutenant, le puissant Septimius Worod, avait été nommé procurateur impérial, stratège, agoranome et symposiarque de Palmyre, des fonctions civiles et religieuses importantes.

Bien que l'*Histoire Auguste* place Odénath parmi les trente tyrans, le roi de Palmyre n'a jamais tenté d'usurper le pouvoir ni de renverser Gallien.

La deuxième campagne à Ctésiphon et le départ pour la Cappadoce

C'est avec tous ces titres qu'Odénath poursuivit la guerre contre les Perses car s'il avait réussi à faire fuir Sapor, Odénath ne l'avait pas anéanti. Les Perses s'étaient réfugiés dans des places fortes. Odénath devait retourner à Ctésiphon et combattre de nouveau. Il semble que sa deuxième campagne à Ctésiphon date de la fin de 266 ou du début de l'année 267.

Dans la précédente campagne, alors que les archers et les cavaliers palmyréniens voulaient en finir avec le roi des Perses, les Romains avaient préféré réorganiser leur armée dispersée. Odénath avait peut-être perdu du temps. Il se heurtait surtout à des satrapes acharnés. Entre-temps, les Perses s'étaient rassemblés. Ctésiphon était une ville très protégée, une citadelle quasiment imprenable.

Odénath n'en accomplit pas moins un nouvel exploit. Dans le même temps, il apprit que les Goths avaient ravagé la Grèce et qu'ils menaçaient la Cappadoce. Aussi se dirigea-t-il en hâte vers cette région. L'empereur romain souhaitait voir les troupes stationnées à Palmyre partir immédiatement à la rencontre de l'ennemi. Les Romains de Palmyre devaient rejoindre les légions envoyées en Cappadoce afin de les aider.

Zénobie redoutait ces Goths que l'on disait cruels et impitoyables. Elle préférait avoir comme adversaires les Romains ou les Perses. Elle avait entendu maints récits épouvantables sur ces Barbares qui n'épargnaient personne.

Les prétentions de Maeonius

Au palais, Zénobie avait également d'autres sujets de contrariété : Maeonius, le cousin d'Hérodien, commençait à songer au pouvoir. Tenu jusque-là à l'écart de la cour, profitant des richesses qu'on lui donnait, il vivait dans l'aisance et la luxure. Mais il supportait avec peine la haine et le mépris d'Hérodien. On ne sait s'il en parla à Zénobie et s'il prit son parti contre Hérodien. Zénobie pouvait en tirer des avantages. Les sénateurs lui avaient autrefois expliqué qu'il lui était possible de succéder à Odénath et à Hérodien si tous deux disparaissaient et si aucun membre de la famille ne s'y opposait. Comme ce cousin ne semblait pas intéressé par le pouvoir, Zénobie n'y avait guère prêté attention. Mais la situation avait évolué.

Quand il revint de Cappadoce, Odénath apprit avec mécontentement les nouvelles tentatives de Sapor. Le roi perse ne capitulait pas. Tandis qu'il faisait étape à Émèse, son neveu Maeonius manifesta le souhait de le retrouver et de lui parler. Zénobie s'en étonna et s'entretint avec lui. Elle ne tenta pas de l'en empêcher. Maeonius avait sans doute d'excellentes raisons de parler à son oncle.

Quelle fut la réaction d'Odénath lorsqu'il apprit l'arrivée imminente de son neveu que Zénobie avait dû lui annoncer ? Reçut-il à bras ouverts ce neveu grossier et incompétent qui ne l'avait jamais aidé ? La joie de son retour et de son prochain triomphe lui fit-elle oublier combien il l'avait autrefois méprisé ? Les deux hommes s'ignorèrent-ils ? En vinrent-ils aux mains ? Hérodien parla-t-il à son cousin qu'il détestait et qui devenait pour lui une menace ?

Il semble qu'Odénath accueillit son neveu avec enthousiasme et qu'il chercha à se réconcilier avec lui. Il lui proposa même de partager un festin. Tous deux décidèrent d'aller le lendemain à la chasse. Les conséquences de cette partie de chasse furent désastreuses : Maeonius poignarda Odénath tandis qu'Hérodien était lui-même assassiné par des gardes. Le roi de Palmyre avait-il cherché querelle à son neveu ? Était-il responsable de cet accident ? Maeonius avait-il prémédité l'attentat ? Zénobie avait-elle organisé l'assassinat de son époux avec Maeonius ?

Toutes les hypothèses furent avancées. Il est impossible de savoir si un complot entraîna la mort d'Odénath et d'Hérodien. Pour certains, Odénath et Hérodien furent même assassinés en Cappadoce, ce qui est fort probable. D'autres estimèrent que Gallien était tout à fait capable d'organiser un complot contre Odénath qui prenait trop de pouvoir. Mais une page d'histoire venait de se tourner. Zénobie se désola de la mort de son époux qu'elle n'avait jamais aimé avec passion mais qu'elle avait appris à chérir et à respecter. Elle montra, cependant, le visage d'une veuve éplorée telle que l'attendait le peuple de Palmyre.

Les funérailles furent organisées en grande pompe. Zénobie tint à surveiller elle-même les préparatifs. Un discours salua la mémoire d'Odénath. Le roi était peu à peu devenu un souverain exemplaire et aimé. Il importait que des statues pussent l'immortaliser. Plusieurs d'entre elles représentent Odénath le front ceint d'une *corona civica*, la couronne de chêne rappelant que celui qui la porte a accompli de hauts faits pour sa patrie et pour Rome. Une inscription sur une console de la Grande Colonnade mentionne encore une fois son titre de « roi des rois ». Même Maeonius s'éclipsa devant Zénobie. Plus personne ne faisait obstacle à la reine et à son fils, à croire qu'ils avaient effectivement forcé le destin en encourageant Maeonius à se rendre à Émèse.

Zénobie reine de Palmyre

Juste après les funérailles, les sénateurs déclarèrent Waballath roi de Palmyre. Zénobie se réjouit de la décision du Sénat mais elle était suffisamment lucide pour faire un bilan objectif de la situation. Odénath avait acquis un grand pouvoir. Elle-même s'était chargée de le faire savoir et de glorifier son époux. Mais elle savait aussi que son époux n'était pas connu de tous les Orientaux. Certains croyaient encore à la puissance de Rome alors que Gallien était incapable de lui apporter une aide véritable contre Sapor.

Il fallait faire des constats. Le premier était qu'Odénath avait tenu à prendre le parti des Romains contre les Perses. Mais si les Perses étaient venus grossir les troupes palmyréniennes, les Romains auraient été facilement battus.

Zénobie lut les messages de félicitations adressés à son fils qui arrivaient de toutes les régions. Elle y répondait et écrivit même à Sapor en lui rappelant qu'elle était satisfaite que le siège de Ctésiphon fût terminé et qu'il ait mis fin à leurs hostilités. Elle laissait ainsi entendre qu'elle ne souhaitait pas continuer la politique d'Odénath. En répondant à la place de son fils et en prenant position, elle s'affirmait aussi comme la reine de Palmyre.

Zénobie se préoccupa sans doute de son armée. Si elle avait perdu beaucoup d'hommes, il lui restait des cavaliers et des archers redoutables. Les butins avaient permis de rassembler une belle quantité d'or et des équipements. Parler à des soldats, assister à leur entraînement, les passer en revue ou punir leur indiscipline devait être difficile pour une jeune femme. Aussi la reine s'entoura-t-elle de généraux compétents et de nouveaux conseillers. Longin était toujours présent à ses côtés. Peut-être l'aida-t-il à gouverner.

Il lui fallait aussi envoyer des garnisons sur l'Euphrate et informer le peuple de sa politique. Elle garantit aux Palmyréniens la sécurité. Elle protégerait les frontières. Ceux qui réclamaient la présence des Romains étaient rassurés par un discours bien léché.

Zénobie fut sans doute satisfaite d'apprendre que Sapor, s'il lui écrivit vraiment, était prêt à traiter avec elle. Les caravanes pouvaient repartir et le commerce reprendre normalement son cours. Les Goths s'éloignaient. Le règne de Zénobie paraissait donc commencer avec bonheur quand la reine reçut un message inattendu de Gallien.

Celui-ci lui apprit que Sapor avait condamné Valérien à mort et qu'il comptait bien lever une nouvelle armée contre les Perses. Il insistait pour que Zénobie lui donnât des archers. Faisant encore preuve de duplicité, Zénobie accepta d'envoyer une escorte jusqu'à l'Euphrate mais ses hommes attaquèrent les Romains au lieu de les soutenir. Ne supportant pas la désobéissance, Zénobie apprit cette nouvelle avec stupeur. Elle fit aussitôt arrêter les coupables et les condamna à mort.

Face à un tel échec, Gallien décida de rappeler son général en chef Heraclianus. Les sénateurs romains décidèrent de mettre un frein à leur ambition orientale. La Syrie n'en restait pas moins une province romaine. Quelques soldats romains devaient donc demeurer sur place. Un certain nombre d'entre eux se trouvait encore à Antioche, la ville convoitée par Zénobie.

La mort de Gallien

Zénobie n'avait que des nouvelles imprécises de Rome. Elle avait entendu dire que les Romains se lamentaient encore sur l'indécision de Gallien qui avait laissé son père prisonnier des Perses alors que des étrangers avaient tenté de le sauver. Ils rappelaient avec nostalgie les exploits de cet empereur hors du commun qui avait été nommé par les soldats puis par les sénateurs. Odénath était de ceux qui avaient agi pour défendre les dirigeants de l'Empire romain.

Gallien n'avait réussi à lutter ni contre les Scythes qui avaient causé des dommages sur le territoire romain ni contre les Goths. À l'exception de quelques rares succès, il n'avait connu que des échecs. En revanche, Dexippe les avait battus à la tête de l'armée athénienne.

Gallien rêvait encore des plus hautes fonctions helléniques. Ses principales qualités restaient ses dons oratoires et poétiques. Mais les sénateurs attendaient d'autres qualités d'un empereur que la subtilité et l'humour dont Gallien ne manquait pas. Gallien était capable de pousser le raffinement jusqu'à un point extrême. Il faisait construire des chambres avec des roses et des murailles avec des fruits. Il aimait manger des melons en plein hiver et boire du vin doux toute l'année. Il désirait toujours des fruits qui n'étaient pas de saison. Il ne mangeait que des aliments présentés sur des nappes brodées d'or et dans des pots incrustés de pierres précieuses. L'*Histoire Auguste* rapporte encore qu'il aimait saupoudrer ses cheveux d'or. Ses chaussures étaient attachées avec des lacets ornés de pierres. Il portait volontiers une chlamyde de pourpre avec des fibules en pierres précieuses. Généreux, il distribuait de l'argent au peuple. Il sortait du palais en musique. L'orgue et la flûte accompagnaient ses déplacements. Il aimait s'entourer de jolies filles qui buvaient comme lui dans des coupes en or des vins variés. L'été, les piscines l'attiraient.

La dernière ambition de Gallien était de posséder une statue gigantesque sur l'Esquilin. Lorsqu'ils prirent le pouvoir, Aurélien et Claude abandonnèrent ce projet.

*
* *

Zénobie apprit alors que deux soldats, Heraclianus, qui avait dirigé l'armée romaine en Orient, et Marcianus, tentaient de renverser Gallien. Les usurpateurs se multiplièrent. Gallien finit par succomber sous les coups d'épée des traîtres.

La reine entendit plusieurs versions sur cette disparition. On lui raconta que Gallien était sorti en pleine nuit de sa tente sans appeler ses gardes sous prétexte que l'usurpateur Aureolus, qui avait autrefois combattu contre Macrien et Quietus mais qui venait d'abandonner Gallien pour diriger l'Italie, l'attaquait. Des sicaires l'avaient tué de plusieurs coups d'épée. Un autre bruit courait à Rome, mettant en cause un homme d'Aurélien. Zénobie ne parvint pas à savoir si cet Aurélien avait été impliqué dans le complot qui avait entraîné la mort de Gallien.

Aurelius Victor affirme qu'Aurélien aurait été en partie responsable du meurtre de Gallien[1]. Il aurait d'ailleurs été acclamé empereur avant sa disparition.

La nomination de Claude

Dans la confusion des nouvelles qui se succédaient, Zénobie finit par apprendre, en septembre 268, la nomination de Claude II qui se trouvait sans doute à Milan ou non loin de cette ville lorsque Gallien fut assassiné. Est-ce un hasard ou participa-t-il au complot ?

On le disait honnête, respectable, patriote, attaché à la justice, célèbre, apprécié des sénateurs, bon soldat, endurant, économe et juste[2]. Claude venait de remporter une bataille dans le nord de l'Italie[3]. L'Espagne et la Gaule applaudirent la nomination de Claude qui était aussitôt rentré à Rome et qui avait été acclamé empereur.

Claude s'illustra ensuite contre les Goths dans une campagne éblouissante. Les témoignages de cette expédition décrits par Dexippe, Zosime et dans l'*Histoire Auguste* ne sont pas toujours dignes de foi.

Claude possédait aux yeux de Zénobie bien des qualités que le Romain considérait comme des défauts. Honnête, juste, économe, Claude II passait le plus

1. Aurelius Victor, 33, 21, 1.
2. Aurelius Victor, 34, 1 ; Eutrope, IX, 11, 2 ; Zosime, I, 46, 2.
3. Aurelius Victor, *Epitome*, 34, 2.

souvent pour un avare austère qui combattait l'ennemi sans réflexion. Mais il avait remporté de nombreuses victoires. Il avait voté des lois pour contrôler les juges. Il faisait entretenir le réseau routier de l'empire. Il était à l'écoute du bien-vivre du peuple et contentait les Romains en faisant agrandir les thermes.

Zénobie connaissait surtout les qualités de Claude II grâce aux inscriptions qui figuraient sur les pièces de monnaie. On évoquait la fidélité de ses soldats et l'entente de Claude avec le Sénat. L'*Histoire Auguste* n'hésite pas à le comparer à Auguste pour sa clémence, à Trajan pour son courage et à Antonin pour sa piété. Il regroupait donc les qualités des plus grands empereurs.

Claude II aimait ses proches et ses amis sans jalouser personne. Il condamnait les voleurs et pardonnait aux faibles. Pour l'honorer, les sénateurs avaient décidé de placer dans la Curie un bouclier le représentant. Le peuple romain versa ses propres deniers pour lui élever une statue en or devant le temple de Jupiter. Sur les Rostres fut placée une colonne au sommet de laquelle sa statue domina Rome.

Zénobie se rendait compte que Claude, adulé et bon empereur, serait plus difficile à manipuler que le paresseux Gallien. L'empereur continua à faire voter des lois populaires et renfloua les caisses de l'État grâce à ses victoires militaires. Dans le même temps, Zénobie envoya une armée en Égypte mais celle-ci fut vaincue par les Égyptiens qui juraient de rester fidèles à Claude.

Chaste, appréciant modérément le vin et mangeant

avec appétit, Claude était également connu pour sa force et son imposant physique. D'une grande taille, solide, l'empereur n'hésitait pas à corriger qui le provoquait même lorsqu'il était jeune soldat. Les lettres que les plus grands écrivirent au sujet du sage Claude témoignent de ses qualités. Le peuple et les sénateurs étaient profondément attachés à cet homme exceptionnel. Voilà qui n'arrangeait guère les affaires de Zénobie et contrariait légèrement ses plans.

XX

Zénobie reine du monde

La mainmise sur le pouvoir

Bien qu'elle décidât de tout, Zénobie était consciente que son fils était le roi en titre et qu'elle devait continuer à l'initier au métier de souverain. Aussi lui ordonnait-elle d'assister le plus souvent possible aux réceptions des ambassadeurs et aux discours qu'elle prononçait devant le peuple réuni. Il écoutait également ses entretiens avec les sénateurs. On lui préparait même parfois quelques courtes interventions qu'il répétait sans oser donner son avis.

Zénobie était mécontente de son indiscipline car plus le temps passait, plus il se montrait distrait. Il négligeait d'apprendre les leçons de ses maîtres. Bien qu'il fût intelligent et rusé, il était peu attiré par la culture. Partisan du moindre effort, il se laissait aller à la paresse. L'assurance qu'il avait de régner un jour le cantonnait dans un laxisme grandissant. Il est vrai que sa gloire et sa renommée l'emportaient sur bon nombre de princes. Sa mère se chargeait de parler de lui et de le faire connaître.

Elle demanda même à Rome la faveur de le faire représenter sur les pièces de monnaie. Cette autorisation exceptionnelle lui fut sans doute accordée à moins que Zénobie n'ait pris sur elle de faire frapper des pièces représentant son fils sans l'accord du sénat romain. Ainsi Waballath côtoya-t-il l'empereur Claude sur les pièces officielles.

Zénobie reine d'Égypte

Zénobie jugea le moment venu de marcher sur Alexandrie. Une révolte égyptienne lui donna peut-être l'opportunité d'agir. On peut également se demander si elle avait réellement tancé les Palmyréniens qui s'étaient retournés contre les soldats de Gallien quand celui-ci avait décidé de reprendre les affaires orientales en main après la mort d'Odénath. L'*Histoire Auguste* ne fait pas allusion à une peine quelconque infligée aux soldats palmyréniens mais à une révolte palmyrénienne contre les Romains, qui pourrait bien avoir été orchestrée par Zénobie.

Si les monnaies de Claude le Gothique étaient frappées à Antioche, il est possible que Zénobie y régnait alors et qu'elle avait également la mainmise sur le reste de la Syrie. À cette époque, Zénobie devait tenter de préserver ses droits et ceux de son fils. Elle avait une armée importante de soixante-dix mille hommes dirigée par Zabdas, un général compétent capable d'affronter les Romains. Ce seul argument était suffisant pour la faire admettre comme la souveraine de

Palmyre. Si Worod n'apparaît plus à ses côtés, elle était toujours entourée de Longin et de bien d'autres conseillers.

Probablement en 269, Timagène et Saba se révoltèrent donc en Égypte. Le gouverneur romain Tenagino Probus était parti combattre les pirates scythes qui infestaient les mers. D'aucuns suggérèrent que Timagène et Saba étaient des Palmyréniens envoyés par Zénobie. Mais la reine profita peut-être uniquement de cette révolte pour envoyer son armée en Égypte. Zabdas partit avec ses troupes pour porter assistance à Timagène. Tous deux l'emportèrent sur les Romains. Informé des événements, Probus se hâta de revenir. Il combattit vaillamment contre les Palmyréniens et faillit l'emporter. Mais il fut finalement battu et préféra se suicider.

Zabdas rapporta à Zénobie d'excellentes nouvelles. Les Romains avaient été tellement surpris par l'attaque des Palmyréniens qu'ils avaient dû céder devant les troupes de Zénobie. Mais la reine ne pouvait croire que les Romains abandonneraient si facilement la ville qui leur était chère. Cependant, le retour rapide de ses hommes victorieux souleva son enthousiasme et celui des sénateurs. La reine pouvait se réjouir : elle possédait Alexandrie. Elle y laissa une garnison de cinq mille hommes commandée par un fidèle général et nomma Firmus, l'un de ses proches conseillers, gouverneur de la ville égyptienne. Dans le même temps, elle s'assura qu'Antioche lui était accessible.

Que s'était-il réellement passé en Égypte ? Selon l'*Histoire Auguste*, le divin Claude était occupé à guerroyer, lorsque les Palmyréniens commandés par Timagène et Saba allèrent faire la guerre en Égypte. Les Égyptiens réussirent à les vaincre grâce à leur endurance et à leur volonté. Mais le commandant des Égyptiens mourut dans une embuscade. Tous les Égyptiens se soumirent alors à Claude et promirent de lui rester fidèles[1]. Zosime[2] précise, comme l'*Histoire Auguste*, que l'action se passait en 269. Il est toutefois possible que cette guerre en Égypte se soit déroulée après la mort de Claude.

Comment Rome réagit-elle en apprenant que Zénobie s'était emparée d'Alexandrie ? La reine dut inventer un stratagème pour éviter le pire. Elle écrivit au sénat romain et l'informa qu'une rébellion avait éclaté en Égypte. Estimant que son rôle était d'aider les Romains, elle avait envoyé des troupes à Alexandrie pour les soutenir. Elle se présentait ainsi comme une fidèle alliée de Rome en espérant que les sénateurs la laisseraient agir à sa guise. Curieusement, les Romains ne s'inquiétèrent guère en apprenant les décisions de Zénobie. Ils la laissèrent également s'imposer à Antioche.

Zénobie avait, semble-t-il, bien entrepris à cette date une véritable conquête. Une inscription retrouvée en Arabie, à Bosra, évoque le fait que des Palmyréniens avaient ravagé le sanctuaire de Jupiter, faisant

1. « Le divin Claude », XI, 1 et 2.
2. Zosime, I, 44.

ainsi un affront à la légion III Cyrenaica en poste dans la ville. Zénobie avait agi ainsi dans d'autres cités comme Pétra, Ancyre en Galatie et dans plusieurs villes d'Asie Mineure. Zosime ajoute qu'elle convoitait aussi la Bithynie et qu'elle l'aurait sans doute contrôlée si Claude n'était pas mort à cette époque et si Aurélien ne lui avait pas succédé.

Zénobie dirigeait ainsi les villes les plus peuplées et les plus puissantes. La reine commença alors à songer très sérieusement à Rome. Elle ne pouvait manquer de la convoiter elle aussi. En quelques mois, elle avait acquis un empire. Elle espérait le monde.

Zénobie fut bientôt reconnue dans le monde entier comme une souveraine unique. Elle reçut les ambassadeurs, fut honorée de mille présents. Certains pays la félicitaient. D'autres l'assuraient de leur soutien. Les messagers défilaient au palais. Les festins se succédaient.

Elle prit enfin le chemin d'Alexandrie sur l'un de ses plus beaux bateaux. Il est facile d'imaginer quelle joie elle éprouva en pénétrant dans la ville égyptienne. Sans doute refit-elle le parcours de Cléopâtre VII qui cherchait à épater César et Antoine. Peut-être se rendit-elle dans tous les endroits où la reine égyptienne avait fait de son personnage une légende. Elle remonta le Nil dans une barque effilée. Elle s'arrêta dans les villes mythiques où les illustres pharaons avaient laissé leur empreinte. Elle dut se dire qu'il avait été facile à Cléopâtre de séduire César en lui montrant de telles merveilles et un trésor fabuleux. Quelle émotion pour cette femme rêvant autrefois de la reine d'Égypte qui avait ainsi un pouvoir plus grand que celui de Cléopâtre !

Zénobie ne regardait pas les ports d'Alexandrie sans se souvenir de l'incendie qui avait ravagé la flotte d'Égypte sous les yeux de César. Des rouleaux précieux de la bibliothèque avaient brûlé non loin des entrepôts. Le Musée accueillait alors quelques artistes et quelques savants qui dînaient au palais.

En ces lieux, Cléopâtre avait donné le jour à Césarion. Elle s'était suicidée avec ses deux servantes. Avec Antoine, le vaincu de la bataille d'Actium, Cléopâtre avait tenté d'unir l'Orient et l'Occident. Elle aussi avait voulu gouverner sur le monde et faire de César un pharaon.

Zénobie pouvait se nourrir de cet exemple pour modérer ses ambitions. Mais elle préférait se dire qu'elle réussirait là où son illustre aînée avait échoué. Depuis l'époque de Ptolémée, Rome avait perdu de sa puissance. Ce n'était plus l'époque de César mais celle de Gallien et de Claude.

Zénobie était consciente qu'elle était beaucoup mieux entourée que Cléopâtre. Seuls son courage et sa foi avaient permis à Cléopâtre de garder son pays pendant quelques années. Aujourd'hui, même Sapor était aux pieds de Zénobie. Lui et Rome reconnaissaient sa souveraineté. Elle n'avait plus qu'à poursuivre un parcours qui paraissait tracé d'avance.

XXI

Aurélien l'intraitable

La disparition de Claude le Gothique

Zénobie avait déjà envoyé des troupes en Asie quand lui parvint la nouvelle de la mort de l'empereur romain terrassé par la peste. Claude n'était pas resté au pouvoir plus de deux ans mais il avait réussi à vaincre les Goths. Zénobie jugea le moment opportun de s'emparer de Rome. Mais ses courtisans se montrèrent plus prudents. Ils avaient connu la grande puissance romaine et redoutaient toujours des représailles.

Quintillus, le frère de Claude, succéda à l'empereur exemplaire regretté par l'ensemble des Romains. Lui aussi était juste, cultivé et habile en politique. Les soldats l'avaient choisi et acclamé à Sirmium où son frère était mort.

Quand Zénobie apprit la nomination de Quintillus, peut-être celui-ci avait-il déjà fini de régner. Il ne gouverna, en effet, que quelques jours – dix-sept pour certains, soixante-dix-sept pour d'autres – avant d'être assassiné. Tel est du moins l'avis de certains historiens alors que d'autres évoquent le suicide. Mais la nomination d'Aurélien inclinerait plutôt à penser au complot[1]. Quintillus avait cependant eu le temps de faire frapper des monnaies à son effigie.

*
* *

Zénobie choisit la prudence. Elle avançait vite en besogne et l'heure viendrait bientôt où elle s'emparerait de la cité convoitée. Sa ville devenait la plus riche du monde. Tous les luxueux produits en provenance de l'Inde et de la Chine étaient achetés et revendus par les marchands palmyréniens. Palmyre éclatait de mille feux. Commissions, droits de passage, impôts alimentaient ses coffres.

Les artistes peintres, les sculpteurs, les savants, les philosophes demandaient à la reine de les accueillir à sa cour. Ils venaient souvent de Grèce. Zénobie la philhellène les recevait à bras ouverts non seulement pour prendre exemple sur les Ptolémées d'Égypte mais aussi parce qu'elle retrouvait en leur compagnie les discours qu'elle avait toujours appréciés.

Zénobie reçut peut-être Paul à sa cour. Si tel fut bien le cas, elle l'écouta lui parler du Christ avec beaucoup d'intérêt et de tolérance. Elle appréciait, chaque soir, les chants et les hymnes des musiciens et des poètes. Elle aimait discuter de philosophie et des règles de l'univers. Elle se montra si férue de philo-

1. Eutrope, IX, 12 ; Zosime, I, 47 ; Aurelius Victor, *Epitome*, 34, 5. Claude se serait sacrifié aux dieux avant une bataille pour assurer le succès de son armée.

sophie qu'elle décida de créer une école qui réjouit les penseurs de la cour.

On la disait chaste depuis la mort de son époux. Cette réputation ne lui déplaisait pas. Elle l'entretenait en gardant une totale discrétion sur ses liaisons.

*
* *

Rien ne paraissait arrêter la progression de l'armée palmyrénienne. Zénobie reçut des nouvelles réjouissantes d'Asie. Toutes les villes accueillaient son armée sans résistance. Son chef militaire avait déjà laissé une garnison à Ancyre et à Tyane. Nicomédie n'avait pas résisté. Seuls les habitants de Chalcédoine s'étaient enfermés derrière leurs murailles, refusant de céder. Zénobie avait décidé de préparer le siège de la ville et de bloquer l'arrivée du blé en provenance du Caucase et de la Chersonèse. Or, le chef militaire, qui ne demandait qu'à satisfaire la reine, n'avait pas de matériel de siège.

Zénobie s'impatienta. Comment une armée qui avait battu les Romains pouvait-elle fléchir devant quelques habitants ? Son armée devait être renforcée. Il lui fallait des hommes disciplinés et entraînés.

Il ne semble pas que Zénobie ait alors eu de nouvelles du roi Sapor mais les Perses ne devaient pas accepter de gaieté de cœur ses rapides conquêtes. Comment le souverain parthe aurait-il applaudi une femme qui s'emparait des lieux qu'il convoitait ? La reine s'inquiétait moins du nouvel empereur romain

Aurélien que du rusé Sapor. Elle aurait peut-être dû se montrer plus vigilante.

Aurélien paraissait honnête et loyal. On le disait intelligent. Comme son empire était menacé par de nouvelles hordes de Goths, Zénobie s'imaginait à l'abri de toute incursion romaine en Orient. Mais elle était consciente du danger : si les Goths renversaient Rome, Palmyre serait un jour menacée. Comment réussirait-elle alors à l'emporter contre des conquérants assoiffés de victoires à qui personne ni rien ne résistait ? Était-ce une raison pour soutenir le nouvel empereur et lui envoyer des renforts ?

Zénobie décida sans doute de se renseigner sur cet homme dont on lui vantait les qualités. L'histoire d'Eunape et des fragments des *Scythica* sur les guerres danubiennes fournissent, comme les monnaies frappées à Antioche et à Alexandrie sous le contrôle de Zénobie, de précieux renseignements. Dès 270-271 apparaissent des pièces qui présentent d'un côté le visage de l'empereur Aurélien et de l'autre celui de Waballath qui a hérité des titres de son père. Faut-il en conclure qu'un accord avait été signé entre Rome et Palmyre ? À cette époque, Zénobie ne semble pas bloquer le départ des navires d'Alexandrie en partance pour Ostie.

Sur les milliaires des routes empruntées par les caravanes figurent également les titres de Waballath : roi, consul, général en chef. Sur un milliaire d'el Karassi, Septimius Waballahtus Athenodorus, fils de Septimius Odenathus, roi des rois, et de Septimia

Batzabbai, reine réputée, fille d'Antiochus, est appelé roi et des rois et dirigeant de tout l'Orient.

Aurélien empereur de Rome

Aurélien avait dû naître vers 214. Son père, un colon, travaillait sur le domaine du sénateur Aurelius. Était-il cultivateur ou était-ce un ancien militaire qui s'était vu attribuer une parcelle de terrain à cultiver en temps de paix[1] ? La gens Aurelia était riche et célèbre à Rome. Porter le nom de cette famille était prestigieux. Aurélien avait ce privilège car sa mère avait autrefois travaillé pour cette famille célèbre. Elle avait été affranchie pour bons et loyaux services. Aurélien était certainement originaire d'Illyrie. L'*Histoire Auguste* le dit issu d'une famille de la Dacie.

Dans son enfance, Aurélien pratiquait, semble-t-il, de nombreux sports comme le tir à l'arc ou le lancer du javelot.

Plusieurs aspects du caractère d'Aurélien pouvaient alors attirer Zénobie. Elle qui, à l'égal de Cléopâtre et de tous les pharaons, vénérait le dieu Soleil, elle qui se disait descendante d'une illustre Égyptienne ne pouvait manquer d'être intriguée par la vénération que l'empereur romain avait la réputation de vouer au dieu solaire[2]. Aurélien avait dû être influencé par Héliogabale et par le dieu Bêl de Palmyre. Le Soleil

1. Aurelius Victor, *Epitome*, 35, 1.

2. Après son triomphe en Orient, Aurélien fera construire un temple au dieu Soleil sur le Champ de Mars.

représentait pour Aurélien le dieu principal. Aurélien se considérait comme le serviteur du dieu. Il se disait même « né dieu et dominateur ». La mère d'Aurélien avait été autrefois prêtresse du Soleil. Alors même que Zénobie affirmait avoir toujours connu sa destinée, la mère d'Aurélien prétendait qu'elle avait toujours su que son fils deviendrait empereur.

L'*Histoire Auguste* raconte ainsi qu'elle gardait précieusement à la cour un serpent qui s'était enroulé autour du récipient servant à baigner Aurélien enfant en y voyant un signe et qu'elle langeait autrefois Aurélien avec les pans de pourpre d'un manteau dédié par l'empereur en titre au dieu Soleil. On racontait aussi qu'un aigle avait emporté l'enfant sur un autel sans lui faire de mal. Dans la famille était né un veau qui présentait d'étranges signes royaux. Plusieurs autres signes se manifestèrent tout au long de la vie d'Aurélien. Il était courant d'énumérer ainsi des présages dans les biographies des empereurs. Les vies des Césars en regorgent. Il ne faut donc pas en faire plus de cas qu'ils ne le méritent.

Zénobie aurait, cependant, dû prendre garde à Aurélien qui avait la réputation d'être très sévère avec son entourage et de pouvoir tuer quarante-huit ennemis en une seule journée. De jeunes Romains avaient même composé des chansons pour raconter ses exploits. Il n'hésitait pas à condamner quiconque s'opposait à ses volontés. Eutrope affirme même qu'il tua un membre de sa famille[1]. Il aurait également fait écarteler un

1. Eutrope, IX, 13.

homme coupable d'adultère, ce qui jeta l'effroi parmi les Romains. Aurélien punissait tout soldat qui portait atteinte aux simples paysans. Le butin ne devait provenir que de l'ennemi vaincu.

Aurélien passait volontiers dans les rangs pour inspecter la tenue de ses soldats. Il voulait des armes rutilantes, des uniformes neufs, des chaussures impeccables. Il défendait aux soldats de dépenser leurs soldes à mauvais escient dans des tavernes.

Mais Zénobie préférait entendre ceux qui lui parlaient de l'adoration qu'il avait pour sa femme. On disait qu'elle le conseillait volontiers et qu'il l'écoutait. Il aimait aussi beaucoup sa fille. Voilà qui laissait présager un empereur ouvert aux conseils féminins.

Zénobie ignorait qu'Aurélien était capable de se montrer intransigeant. Ce caractère dur, parfois impitoyable, avait été façonné à l'école dès son plus jeune âge. Son père lui avait sans doute donné une éducation très stricte qui ne laissait guère place à la fantaisie. Aurélien était aussi exigeant vis-à-vis de lui-même qu'envers les autres. La moindre faute, la plus petite entorse à la morale soulevait sa colère.

Aurélien avait tout pour lui. D'une beauté qui séduisait les femmes, le regard intelligent, l'œil à l'affût, le port altier, il était admiré par toutes les Romaines. Sa carrure et sa haute taille l'imposaient en société. Il brillait sur les champs de bataille et sur les terrains de sport. En revanche, il ne lésinait pas sur les festins. Il aimait s'entourer de bons vivants et de danseuses, buvait beaucoup et faisait bombance même si les femmes ne l'attiraient pas plus que de raison. Il ne se serait jamais laissé distraire d'une obligation professionnelle par une femme, si séduisante fût-elle.

Après le règne de quelques empereurs incompétents et débauchés, ceux de Claude et d'Aurélien réconciliaient Rome avec la morale, la vertu et la sévérité. Des qualités qui ne pouvaient que déranger les projets de Zénobie. Mettant en avant le courage militaire, commandant impeccablement ses troupes, Aurélien avait tout d'Octave cherchant à embellir l'image de Rome après les escapades de Marc Antoine en Égypte. D'aucuns le disaient cruel, affirmant qu'à force de placer la discipline avant tout, Aurélien en oubliait d'être humain. On disait même, que dans sa volonté constante de punir, Aurélien portait sans cesse la main à son épée. Envers les étrangers ; et les peuples rebelles, l'empereur ne cédait jamais. Si elle l'avait su, de tels détails auraient peut-être modéré l'enthousiasme de Zénobie persuadée de régner bientôt sur Rome.

Aurélien, avide de gloire, et Zénobie, assoiffée de pouvoir, allaient se trouver en présence. La rencontre de ces deux caractères indomptables et indomptés ne pouvait pas rester sans effet. Naturellement intraitable, le caractère d'Aurélien s'était durci au contact des camps.

Le raffinement et le goût de l'esthétisme rapprochaient aussi ces deux êtres hors du commun. Aurélien détestait, cependant, les habits efféminés et les matières luxueuses comme la soie que Zénobie se plaisait à porter. Ses tenues étaient aussi sévères que lui. Il jugeait les vêtements chatoyants ridicules et conseillait fermement à son épouse de montrer l'exemple en choisissant des tuniques sobres et blanches. Il souhaitait dîner dans de la vaisselle rudimentaire et prônait la plus grande discrétion dans l'existence. Les fêtes privées qu'il donnait au palais ne laissaient jamais place à l'étalage du luxe. Aurélien préférait même habiter loin du palais. Jamais il ne se plaignait. Il avait une vie équilibrée et saine. Si un ami avait besoin d'aide, Aurélien l'aidait aussitôt. En revanche, rien n'était assez beau pour enrichir sa ville.

Zénobie ne savait, cependant, que penser de cet empereur méconnu dans sa région. Certains prétendaient qu'il prenait plaisir à voir souffrir ou tuer ceux qui avaient commis une faute. D'autres insistaient sur son équité, son intelligence, son habileté, son autorité, sa réserve. Certains le disaient un peu rustre. D'autres insistaient sur son goût pour le spectacle et sur l'admiration qu'il avait pour les artistes.

Aurélien ne paraissait pas s'intéresser à l'Orient. Il avait surtout combattu sur le Danube. En tant que centurion, tribun, général en chef, Aurélien avait brillé dans des dizaines de campagnes. Il s'était affirmé pendant de longues années sous les empereurs précédents. Sa carrière militaire avait été fulgurante. Il avait acquis ses titres avec une facilité déconcertante, repoussant les envahisseurs, s'illustrant à la tête de centaines d'hommes. On racontait que son tableau de chasse était impressionnant.

Devenu commandant en chef, Aurélien avait cependant dû combattre dans les pays d'Orient où il s'était pareillement illustré. Zénobie savait sans doute qu'il était attentif aux problèmes frontaliers et qu'il laissait toujours une garnison entraînée sur le limes. Si elle avait connu son cursus militaire, la reine aurait été impressionnée par ses victoires sur les Goths ou dans les Balkans.

Zénobie devait se demander comment un homme qui détestait la soie et les produits de luxe pouvait un jour s'intéresser à sa région. Les Romains avaient cherché pendant des années à contrôler les villes et les routes d'Orient pour mettre la main sur le commerce des aromates et des produits rares.

Aussi Zénobie était-elle persuadée qu'Aurélien lui laisserait toute liberté d'agir et qu'il n'avait rien de commun avec les mœurs ou les coutumes orientales. Elle pensait que Rome ne lui imposerait rien. Elle qui s'était moquée de la paresse et des faiblesses de Gallien, aurait pu, cependant, imaginer, en reine prévoyante et intelligente, qu'un esprit hors du commun succéderait au médiocre Gallien. Dans l'ombre d'empereurs incompétents vivaient souvent d'incroyables battants qui attendaient leur heure pour s'affirmer. Mais Zénobie ne semblait pas avoir d'espions pour la tenir informée des affaires romaines.

Zénobie eut tout d'abord envie d'envoyer des troupes à Aurélien. Il avait tout pour séduire la reine et unir ses forces aux siennes. Zénobie pouvait agir comme Cléopâtre en se rapprochant d'Aurélien et constituer avec lui un gigantesque empire. Mais elle repoussa cette idée. Grisée par ses victoires, elle préférait agir seule. Pourquoi affaiblirait-elle son armée en envoyant des renforts au Romain ? En outre, elle sentait Rome à sa portée.

Zénobie préféra donc réorganiser ses troupes et faire frapper de nouvelles pièces à Alexandrie. On y voyait son effigie et ses titres. Elle fit aussi fabriquer des armes.

Quelque temps plus tard, la reine décida finalement de retarder dans le port d'Alexandrie les navires chargés de blé qui s'apprêtaient à partir pour Ostie. Elle envoya des soldats en Égypte refusant définitivement toute collaboration avec Rome. La reine de Palmyre préférait jouer la carte personnelle.

XXII

Rome retrouve sa grandeur

Les prises de position de Zénobie

Zénobie commençait à entendre parler du sens politique et de la diplomatie d'Aurélien. S'il n'était pas réputé pour sa culture, son intelligence permettait d'y suppléer facilement. Il avait surtout acquis une remarquable habitude des combats où il excellait. Têtu, jamais il ne cédait devant l'adversaire. Expérimenté, il était redouté de tous. Il avait combattu nombre d'ennemis différents dans des régions diverses. Il arrivait dans la vie de Zénobie à une époque clé. Sous Gallien, la reine avait eu toutes les occasions de s'imposer et d'accroître son pouvoir. Elle avait même ridiculisé Rome et son empereur en se pavanant à Alexandrie et en prenant la ville égyptienne aux Romains. Le terrain était encore favorable : Rome traversait une période difficile qui la rendait incapable de contrôler ses adversaires.

Zénobie sentait la faiblesse de Rome. Elle en profitait. Elle envisageait même sa chute. La ville était en effet affaiblie par la peste qui avait décimé la population. Les pays proches de l'Italie avaient également été atteints par l'épidémie. Ces problèmes avaient perturbé Rome déjà bouleversée par une instabilité économique et politique.

La vie à Rome aurait pourtant été agréable au IIIe siècle si des menaces extérieures n'avaient pas troublé le pays. Les principales menaces venaient des Perses, des Francs et des Alamans. Le monde semblait alors en proie à de grands bouleversements. Des hordes de Vandales passaient les frontières, prêtes à envahir les pays limitrophes. L'Italie redoutait également les Germains.

Dès qu'il arriva à Rome pour recevoir ses titres officiels, Aurélien apprit l'arrivée des Goths, des Sarmates, des Carpes et des Jazyges en Mésie et en Pannonie. Il prit immédiatement la décision de les repousser. Il combattit aussi contre les Alamans et les Juthunges qui menaçaient l'Italie du Nord. Les Barbares ne cédèrent pas facilement mais Aurélien remporta sur eux une brillante victoire[1].

Zénobie s'était renseignée sur les soldats que les Romains avaient envoyés aux frontières et il lui semblait facile d'envahir le territoire romain.

Elle estimait qu'elle avait toutes les chances de s'imposer à Rome. Les Romains étaient ouverts à la culture et à la religion orientales. Depuis plusieurs années, ils montraient un grand intérêt pour Isis et Sérapis dont le culte s'était développé à Alexandrie sous les Ptolémées. La vénération de Mithra s'était

1. Dexippe, Fr. 6 et 7.

répandue dans tout l'Empire cédant parfois la place à des croyances et à des superstitions entretenues par l'art de la divination et de la magie. Les Romains étaient très attentifs aux astres et aux messages des devins. Ils connaissaient le christianisme et les idées de Paul de Samosate.

Rome affaiblie avait, cependant, la volonté de se relever et de redevenir la ville de référence d'Auguste. Elle accueillait de nombreux penseurs et de nouveaux philosophes. Ceux-ci parlaient de monothéisme et laissaient une grande place aux idées platoniciennes.

Zénobie se riait souvent de la crédulité des Romains. Valérien n'avait-il pas autrefois été fait prisonnier par Sapor ? Jamais Zénobie n'aurait fait une pareille erreur. Depuis cette époque, la reine était persuadée que l'Empire romain était définitivement perdu. Vers l'an 260, la Gaule et l'Italie avaient été occupées et Gallien n'avait pas su sauver l'Empire. Il avait perdu de nombreux territoires. Tant d'usurpateurs avaient ensuite tenté de prendre le pouvoir ! La plupart descendaient de familles sénatoriales respectables. Certains avaient même frappé des monnaies à leur effigie !

Zénobie faisait souvent le bilan de ces années qui lui avaient paru longtemps obscures. Elle en tirait de favorables conclusions. Mais c'était sans compter avec Aurélien le tenace qui ne pouvait tolérer l'anéantissement de l'Empire qu'il avait défendu corps et âme depuis son adolescence.

Excellent cavalier et combattant courageux, Aurélien avait une revanche à prendre : il n'avait pas obtenu sous Gallien les grades qu'il aurait pu espérer même s'il avait, racontaient certains historiens anciens, accru son pouvoir avec une rapidité déconcertante. Les soldats appréciaient ses qualités, des qualités qui auraient, autrefois, soulevé la jalousie de l'empereur en titre. Gallien avait-il regretté les encouragements qu'il avait adressés à Aurélien au début de sa carrière ? Craignait-il qu'il n'eût un jour trop de pouvoir dans l'armée où il était devenu extrêmement populaire ? Redoutait-il qu'il ne s'emparât du pouvoir ? L'armée était devenue un facteur non négligeable pour accéder à la tête de Rome. Bon nombre d'empereurs avaient été désignés par leurs soldats pour diriger le pays. Bien que nous connaissions très mal le cursus militaire d'Aurélien dans ses jeunes années, il est possible que Gallien se fût méfié des talents de ce soldat hors pair et qu'il ait donné à d'autres les postes auxquels il était destiné. Comme tous les hommes médiocres, il préférait sans doute s'entourer d'hommes moins brillants mais plus obéissants.

Malgré les réticences de Gallien, Aurélien s'était affirmé chaque jour davantage. Il avait commandé à maintes reprises la cavalerie romaine. Sans doute n'envisageait-il pas à l'époque de devenir empereur. L'idée lui en vint peut-être après de nombreuses victoires. Rien ne prouve qu'Aurélien ait alors convoité la direction de Rome mais tout laisse supposer qu'il y songea lorsqu'il acquit des grades importants. Alla-t-il jusqu'à comploter contre la vie de Gallien ?

Sous Claude II, Aurélien était encore monté en grade. Il était en quelque sorte le personnage le plus puissant du pays. Il commandait des légions importantes, avait eu pour mission de mettre l'usurpateur Aureolus hors d'état de nuire… Avait-il assassiné lui-même le général ou avait-il ordonné ce meurtre ? Claude était-il au courant ? À Rome le bruit avait alors couru que des soldats révoltés par l'insoumission d'Aureolus avaient eux-mêmes exécuté le général.

Après cette disparition, Aurélien s'était encore imposé davantage. À la tête de la cavalerie romaine, il avait combattu en Italie puis contre les Goths, remportant d'incroyables victoires, tuant des milliers d'ennemis. Admiré par l'empereur, celui-ci lui avait confié toutes ses troupes de l'Illyricum afin qu'il anéantît définitivement les Goths, ce qu'Aurélien n'avait pas manqué de faire.

Quand il avait été consul avec Pomponius Bassus, un noble connu en politique, Lucius Domitius Aurelianus Augustus s'était occupé de l'administration romaine. Il avait gagné la faveur du peuple. Pour ce faire, il n'avait pas hésité à faire distribuer des cadeaux ou de l'argent aux Romains. Il leur offrait des spectacles de qualité. En revanche, sa politique économique déplaisait parfois aux familles aisées qui payaient davantage d'impôts. Aurélien paraissait avoir trouvé auprès d'elles un moyen d'aider les plus défavorisés.

Aurélien avait également décidé de contrôler le moindre atelier, celui de Rome partant à vau-l'eau depuis les règnes précédents. Il traquait ainsi les voleurs, punissait les trafiquants, surveillait tout.

Aurélien apparaissait comme le successeur évident

de Claude II aux yeux de tous les Romains. Quelques concurrents avaient bien tenté de le supplanter. Mais Aurélien avait alors le soutien total du Sénat. Lorsque Claude II était mort, des rumeurs avaient encore couru sur l'éventuel assassinat de Claude II par Aurélien. Mais le nouvel empereur n'en avait cure.

L'assistance de Zabdas

Zénobie se réfugiait souvent dans son bureau pour réfléchir à la politique qu'elle devait mener. Se méfiant de ses plus fidèles conseillers, elle avait besoin d'analyser les situations, de mettre au point une politique intérieure et extérieure.

L'un de ses généraux lui avait conseillé la prudence. Il avait entendu parler des prouesses et de la sévérité d'Aurélien qui voulait redorer le blason de Rome. Le fait que la reine se fût emparée de l'Égypte grâce au général Zabdas ne devait guère lui plaire. Mais Zénobie était persuadée qu'elle n'aurait aucun mal à le persuader. On avait beau lui dire qu'Aurélien n'avait rien d'un faible, qu'il n'avait pas hésité à éliminer ceux qui étaient responsables de la déchéance de Rome, Zénobie restait sur ses positions. Elle le redoutait d'autant moins qu'il lui avait envoyé des messages pour traiter avec elle et qu'elle y voyait un signe favorable.

Les proches de Zénobie se demandaient cependant ce que la reine préparait. Aurélien souhaitait signer avec elle un traité de paix. Il voulait agir de concert avec les Palmyréniens. Sans doute était-il conscient du pouvoir de Zénobie. Ses conseillers l'incitaient à répondre favorablement au Romain. Elle devait se rapprocher de lui. Mais la reine s'emportait face à de tels conseils. Elle ne recherchait pas une alliance avec Rome. Elle qui dirigeait alors un immense royaume voulait s'emparer de Rome et voir ses habitants asservis.

Zénobie ne cessait de répéter qu'elle réussirait là où Cléopâtre avait échoué. Pourquoi traiterait-elle avec les Romains qu'elle se savait capable de vaincre ? Aurélien la considérait-il comme une femme sans envergure incapable de réfléchir ? Cherchait-il à la duper en lui faisant miroiter une nouvelle alliance ?

Aurélien avait placé son armée sur le Danube et le Rhin et il comptait bien s'affirmer sur l'Euphrate quoi qu'elle fît. Zénobie rétorquait que ses forces ne valaient pas les siennes et qu'il n'y parviendrait jamais. Mais les conseillers de la reine étaient affirmatifs : Aurélien n'était ni Gallien ni Valérien. Il ne se ferait pas berner et il ne s'abaisserait pas devant elle. Il lui avait permis de s'imposer et il avait accordé à son fils le privilège de faire frapper des monnaies à son effigie. Zénobie avait osé mettre son visage sur certaines pièces. Elle s'y faisait appeler Augusta et elle apparaissait parfois aux côtés de son fils Waballath. Mais elle faisait aussi supprimer le visage d'Aurélien, s'estimant seule digne, avec son fils, de porter le titre suprême. Quand Zénobie s'était attribué de nouveaux titres, les Romains l'avaient laissée faire.

Zénobie prétendait que les Romains avaient accepté

ses requêtes parce qu'ils reconnaissaient sa supériorité. Ils savaient que d'ici peu l'Empire romain serait sous sa coupe. Elle deviendrait la maîtresse du monde. Rien ne pourrait l'arrêter. Personne ne pourrait l'en empêcher, surtout pas Aurélien.

Zénobie prenait plaisir à contempler les pièces où son visage apparaissait en relief. Aurélien y était dessiné avec son fils. Tous deux étaient représentés à leur avantage. Sortant des ateliers de Rome, de Siscia ou de Cyzique, les pièces plus lourdes qu'autrefois faisaient preuve d'un travail de précision étonnant.

La reine de Palmyre était d'autant moins inquiète qu'on lui rapportait combien les sénateurs romains n'appréciaient guère le nouvel empereur. Elle était sûre que des usurpateurs allaient de nouveau chercher à s'imposer à Rome si bien qu'elle n'aurait même pas à combattre. Elle profiterait des jalousies et des complots pour entrer à Rome aussi facilement qu'elle était entrée à Alexandrie.

Zénobie avait la clairvoyance des grands politiques. Plusieurs usurpateurs tentèrent sans doute d'ébranler le pouvoir d'Aurélien et de s'emparer du trône car son austérité et sa morale ne pouvaient pas plaire à tous. Rome avait été habituée à un grand laxisme qui encourageait le dilettantisme et les abus. Certains s'étaient facilement enrichis à l'insu des autorités. Comprenant que cette période faste était révolue, ils encourageaient quelques personnages dévoyés à fomenter des complots contre le trop parfait Aurélien.

Les usurpateurs étrangers agaçaient aussi l'empereur parce qu'ils poussaient l'audace jusqu'à faire frapper des monnaies à leur effigie. Mais, imperturbablement, les conseillers de Zénobie rapportaient à la reine qu'Aurélien brillait au sein de son armée. Ses troupes devenaient importantes. Il avait recruté des Alamans et des Vandales, renforcé sa cavalerie. Tous les soldats – étrangers ou Romains – se pliaient aux ordres de l'empereur.

La reine n'apprit pas sans désarroi la réorganisation de l'armée romaine. Mais elle se rassurait en rappelant que jamais un Romain n'avait su combattre dans le désert. Palmyre fut bientôt divisée entre les optimistes grisés par les victoires faciles de Zénobie et ceux, plus réalistes, qui comparaient Zénobie à Aurélien.

XXIII

La marche d'Aurélien

L'assurance de Zénobie

Les conseillers de Zénobie n'arrêtaient pas de rappeler à leur reine qu'Aurélien combattait sans cesse et qu'il s'illustrait au combat. Aurélien avait repoussé les Juthunges, des hordes sauvages prêtes à ravager l'Italie. Il avait rassemblé des milliers de cavaliers et des dizaines de milliers de fantassins, faisant preuve de beaucoup de bon sens et d'astuce. C'était également un stratège remarquable qui étonnait tous ses ennemis.

Zénobie savait qu'Aurélien n'avait pas hésité à combattre les Germains malgré leur cruauté légendaire et leur efficacité. L'empereur avait réussi à leur tendre un piège. Il les avait laissés fuir avec un important butin mais au moment où les ennemis se croyaient sauvés, il les avait pris de vitesse. Aurélien en avait tué un bon nombre.

Aurélien accumulait les victoires. Il avait également battu les Vandales en Pannonie. Il les avait repoussés et avait finalement décidé de traiter avec eux. Mais il avait pris en otages les fils des rebelles.

Quand il se montrait clément, Zénobie ne voyait dans ses décisions que faiblesse et chance de s'imposer avec succès. Elle avait prédit la rébellion des Alamans qui avaient tenté d'envahir Rome. Aurélien était tombé à son tour dans un piège. Mais il avait vite réparé son erreur en chassant l'ennemi. Il n'avait laissé aucune chance aux envahisseurs.

Zénobie en conclut une nouvelle fois que l'armée d'Aurélien n'était pas sans faille. Si des envahisseurs pouvaient arriver aux portes de Rome, si l'empereur était obligé de s'y prendre à deux fois pour repousser l'ennemi, elle était persuadée qu'il avait bien du mal à protéger son pays.

Aurélien l'avait bien compris qui voulait faire entourer Rome d'un mur fortifié. La ville romaine n'avait pas eu de véritables remparts depuis des années.

Zénobie se moquait de ces constructions onéreuses. Combien de temps faudrait-il à Aurélien pour obtenir un rempart efficace qui protégerait Rome contre l'ennemi ? « Aurélien travaille pour moi, aimait à penser Zénobie. Quand je régnerai sur l'Italie, je n'aurai pas besoin de faire bâtir des murailles. »

Zénobie se demandait pourtant jusqu'à quand l'empereur romain accepterait de voir son visage et celui de Waballath sur les pièces de monnaie. Elle savait aussi qu'Aurélien aurait un jour envie de reconquérir les régions de l'Est. Elle avait conscience qu'elle devait agir vite et efficacement.

*
* *

Zénobie avait décidé de déclarer la guerre à Rome. Elle supprima le visage d'Aurélien de toutes les pièces syriennes et égyptiennes. Aurélien ne pouvait tolérer un tel affront alors que Waballath apparaissait sur les monnaies romaines avec le titre d'imperator. Des monnaies frappées dans différents pays rappelaient la volonté de Zénobie de garder le titre d'Augusta.

Zénobie avait bien des appuis, notamment parmi son cercle de philosophes. Il lui était cependant difficile de connaître très précisément les forces d'Aurélien. L'empereur était obligé de protéger ses frontières et d'y laisser des troupes. Avait-il réellement une armée plus importante que celle de Zénobie ? Sur ses quinze légions disponibles, Aurélien en laisserait-il sur le Danube si Zénobie lui déclarait la guerre ? Zénobie se demandait, en effet, si l'empereur mobiliserait toutes ses troupes contre elle.

La reine ne cessait de narguer l'empereur avec une belle assurance. Mais Aurélien préparait son attaque. Celle-ci serait bien planifiée. Il avait décidé d'envoyer Probus en Égypte afin de reconquérir le pays de Cléopâtre qui était passé aux mains de l'ambitieuse Zénobie. Lui-même se rendrait à Palmyre par l'Asie Mineure car Aurélien avait pris une décision capitale : Zénobie serait bientôt dépossédée de son gigantesque empire acquis si rapidement.

Aurélien agissait vite et bien. Mais Zénobie restait jusque-là la grande triomphatrice de ces années de guerre. Elle dominait en Asie Mineure. Les Palmyréniens acclamaient ses soldats comme des héros, privilège autrefois réservé aux Romains. Les commerçants se réjouissaient devant les gains acquis. Les militaires, toujours plus nombreux, touchaient de grosses récompenses.

Zénobie gérait le trésor de l'État et dictait chaque matin l'ordre du jour au Sénat. Elle prenait connaissance de l'évolution de ses cohortes et distribuait ses ordres en conséquence. Femme, elle n'hésitait pas à passer ses soldats en revue sous le regard parfois narquois des généraux. C'étaient eux les plus redoutables en cette période prospère. Éviter les traîtres et les manœuvres devenait un exercice quotidien auquel Zénobie était rompue. Encore devait-elle veiller au renouvellement des armes et aux ravitaillements des armées pour être respectée. Elle se rendait dans les camps, contrôlait l'entraînement des hommes, attendait les rapports des chefs d'un œil sévère. Zénobie jugea bon de renforcer les portes des cités qu'elle dirigeait et d'élever de plus hautes murailles autour des villes convoitées. Mieux valait être prudent.

Certains Palmyréniens chantaient encore dans les rues de Palmyre les louanges des Romains. Ils s'attendaient à les voir arriver d'un moment à l'autre et ne donnaient pas cher de leur vie. La reine de Palmyre leur rappelait qu'ils étaient peut-être moins nombreux que les Romains mais qu'ils leur étaient supérieurs. Que redoutaient-ils ? Elle leur disait dans de longs discours que personne ne dominait autant de villes ni tant de régions importantes qu'elle et Waballath.

En quelques mois, Zénobie avait en effet réussi des exploits et tout laisse penser que si elle avait pu s'emparer de la Chersonèse avant qu'Aurélien n'intervînt, la reine se serait retournée contre Rome avec une force considérable. Le sort en avait décidé autrement, mettant Zénobie et Aurélien face à face comme l'avait été autre fois Octave et Cléopâtre. Zénobie était jeune et courageuse. S'il fallait ruser, elle n'hésiterait pas à employer les moyens de la reine d'Égypte pour parvenir à ses fins. Mais elle n'en était pas là. Elle avait foi en son armée et elle était persuadée qu'elle l'emporterait sur Aurélien.

Zénobie ne se faisait guère d'illusion. Elle savait qu'en cas de guerre les villes de Bithynie, de Galatie et de Cappadoce, qui avaient autrefois accueilli les Palmyréniens, recevraient les légions romaines sous les acclamations.

Aurélien progressait d'une façon inouïe. Rien ne l'arrêtait. Il combattait avec succès tous les ennemis qu'il rencontrait. Il repoussa ainsi des bandes de Goths, gagnant au passage un nouveau nom : celui de grand « Gothien ». Des pièces de monnaie commémorèrent cette nouvelle victoire.

N'ayant plus de nouvelles d'Aurélien qu'elle savait en route pour l'Est, Zénobie dut envoyer quelques espions en Grèce et en Asie Mineure. Elle apprit ainsi qu'Aurélien se trouvait à Byzance où il faisait une longue étape. Il y resta pendant plus de six mois et se décida à progresser en Asie Mineure.

Partout, l'empereur était reçu avec les honneurs. On lui ouvrait les portes des villes ainsi que Zénobie l'avait prévu. On l'acclamait. On facilitait sa progression en mettant des hommes ou des armes à sa disposition.

Aurélien prit facilement la direction des villes qui se trouvaient sur son passage. Il affirmait qu'il en devenait le gouverneur et personne ne s'élevait contre lui. Aucun étranger ne contestait son autorité. Il s'imposa ainsi à Ancyre comme dans toutes les autres villes. Les anciens alliés de Zénobie semblaient avoir oublié la reine de Palmyre. Aucun d'entre eux n'avait de scrupule à l'abandonner pour prendre le parti d'un empereur qui semblait plus fort qu'elle. Ils pliaient devant l'armée romaine résolue et brillante.

Aurélien avançait dangereusement. Il progressa à marche forcée jusqu'à Tyane. Les habitants de cette cité fidèle à Zénobie refusèrent tout net de livrer leur ville aux Romains. Aurélien s'emporta contre ces hommes butés qui ne voulaient pas reconnaître sa supériorité. Il n'admettait pas une telle rébellion. Affirmant qu'il était désormais l'unique empereur, il ordonna aux ennemis de réfléchir vite et de livrer leurs armes car l'armée romaine était prête à combattre.

Les habitants se concertèrent. Ils gagnèrent du temps en espérant permettre à Zénobie de s'organiser. Peut-être cherchèrent-ils à la prévenir. Comme Aurélien n'obtenait pas de réponse de leur part, ses soldats attaquèrent Tyane. Mais au moment où les fantassins en ligne de bataille avançaient au signal de leur chef, un habitant de Tyane vint trouver Aurélien. Il lui demanda de faire cesser les combats. Pourquoi donner l'assaut puisqu'il lui était possible de s'emparer de la cité sans perdre un homme ?

Aurélien tendit l'oreille et demanda des explications. L'homme proposa de l'emmener sur une colline, une position stratégique pour s'emparer de la ville.

Aurélien écouta le traître et suivit ses conseils. Les habitants de Tyane, surpris de son astuce, lui ouvrirent enfin les portes de leur ville. Mais l'empereur était trop courageux et trop honnête pour aimer les traîtres et encourager leurs vices. Aussi condamna-t-il celui qui lui avait livré Tyane. En revanche, il épargna les habitants revêches et hostiles aux Romains pour leur courage et leur dignité.

Quand ses lieutenants demandèrent à Aurélien pourquoi il avait épargné une ville si peu facile à maîtriser avec des habitants si hostiles, Aurélien leur répondit qu'Apollonios de Tyane lui avait conseillé d'être indulgent envers les habitants de sa ville afin de vivre et de régner longtemps. Il déclara aussi selon l'*Histoire Auguste* : « J'ai affirmé que tous les chiens de cette ville mourraient. J'ai donc accepté que l'on exécutât Heraclammon qui m'a livré Tyane car je déteste les traîtres. Les soldats l'ont tué avec mon consentement. Un homme qui trahit sa patrie aurait trahi l'empereur de Rome ! C'est le seul habitant qui ait été tué... Il était riche. J'ai donné ses biens à ses enfants afin qu'on ne me reproche pas de prendre sa fortune et de l'avoir fait exécuter pour cette raison[1]. »

Aurélien rappela qu'il était populaire grâce à sa bonté et que certains Palmyréniens ne seraient pas insensibles à ce geste alors que la reine de Palmyre commençait à les irriter. Si les villes dans lesquelles il avait l'intention de se rendre apprenaient sa clémence, peut-être se rendraient-elles facilement, ce qui arrangerait bien ses affaires.

La conquête de l'Égypte et la marche en Orient

Aurélien songeait déjà pendant sa campagne en Orient à se rendre à Antioche et à Émèse. Il avait également l'intention de soumettre définitivement les chefs gaulois et de faire évacuer la Dacie. Il venait encore de régler des problèmes en Italie et de réprimer une révolte qui avait pris naissance dans les ateliers monétaires. La répression avait été sanglante et de nombreux hommes avaient péri.

Il apprit avec satisfaction que Probus avait réussi à reprendre l'Égypte. Les Palmyréniens n'avaient pas résisté longtemps aux assauts des Romains. Le nom de Waballath disparut des papyrus à partir du mois d'avril 272. Seul Aurélien était alors nommé.

1. « Le divin Aurélien », 23, 4.

XXIV

Les victoires d'Aurélien

La prise d'Antioche

Zénobie s'irritait des exploits d'Aurélien. Non seulement il soumettait des villes (toutes les cités de Cilicie l'honoraient), mais il s'apprêtait maintenant à combattre sa propre armée. Elle avait prévenu son général en chef Zabdas de se montrer prudent.

Aurélien savait qu'il devait vaincre contre de nombreux ennemis. L'*Histoire Auguste* reproduit une lettre qu'il aurait adressée à un certain Mucapor : « Les Romains prétendent que je lutte uniquement contre une femme. Or, les pièges que je suis obligé d'éviter et les ennemis sont aussi nombreux que si je luttais contre un homme, sauf qu'une femme se trouve au commandement, ce qui est pire. Je ne sais combien de flèches, de javelots, de pierres et quelle machine de guerre possède mon adversaire. On reçoit des projectiles enflammés. Zénobie est craintive comme une femme mais elle combat comme un homme qui craint une peine. Je crois cependant que les dieux nous aideront. »

Zénobie était très étonnée par la rapidité d'Aurélien. Elle qui avait longtemps douté de l'efficacité de ses soldats au début de son règne se demandait de nouveau si son général serait à la hauteur de l'empereur romain. L'enjeu était de taille. S'il s'installait à Antioche, Aurélien serait bientôt aux portes de Palmyre. Il venait d'ailleurs de remporter une victoire à Daphné.

Zénobie restait persuadée qu'Aurélien était un fourbe qui attaquerait son général au moment où celui-ci s'y attendrait le moins. Elle avait mis Zabdas en garde et elle espérait que ses conseils seraient entendus. Elle priait les dieux d'aider ses soldats dans la bataille.

Zénobie partit elle-même combattre Aurélien. Quand elle apprit que l'empereur était proche d'Antioche, Zénobie fut une nouvelle fois exaspérée par la lenteur de ses troupes. Les soldats romains avaient avancé si vite qu'ils étaient probablement exténués. Si la cavalerie romaine arrivait dans la vallée de l'Oronte, elle pensait à juste titre que les fantassins d'Aurélien se trouvaient encore loin de là. Or, Zénobie estimait que sa cavalerie était capable de l'emporter sur celle d'Aurélien.

Aurélien ne choisit pas la route la plus courte pour parvenir à Antioche. Le général palmyrénien ne savait trop par quelle voie il arriverait. Il avait rassemblé son armée devant Antioche là où toutes les caravanes approchaient de la ville. Apprenant qu'Aurélien venait par l'autre côté et qu'il atteignait Immae, le général se précipita à sa rencontre. Les deux armées s'affrontèrent sans pitié. Parmi les soldats palmyréniens se trouvaient des Romains qui n'hésitèrent pas à lever leur lance contre leurs compatriotes. Les archers palmyréniens firent des merveilles. La cavalerie palmyrénienne se distingua tant qu'Aurélien décida, tout d'abord, de faire demi-tour.

Le général palmyrénien jubila. Il se moqua d'Aurélien au courage légendaire qui fuyait devant ses troupes. Il décida de harceler ses hommes plus prétentieux qu'efficaces. Comme l'empereur prenait la direction d'Immae, il donna aussitôt l'ordre de le rattraper et d'écraser son armée. Le terrain lui paraissait favorable pour combattre car il pouvait y déployer aisément sa cavalerie. Mais au moment où il rejoignait Aurélien, l'empereur fit volte-face. Il ordonna à son tour à sa cavalerie de charger sur les forces palmyréniennes. Surpris, le général palmyrénien soutint tout d'abord le choc mais les Romains étaient trop expérimentés pour lui. La cavalerie romaine eut bientôt l'avantage. Autour du général palmyrénien, les soldats tombaient les uns après les autres. Le chef envoya alors ses fantassins soutenir les cavaliers. Rien n'empêcha le succès complet d'Aurélien qui fut accueilli en vainqueur à Antioche.

Aurélien avait un sens tactique très développé. Quand il avait constaté que Zénobie possédait dans son armée des cataphractaires semblables à ceux de Sapor, ces cavaliers cuirassés montés sur des chevaux caparaçonnés à l'aide de lamelles de métal, il avait, selon Zosime, changé d'angle d'attaque. « Quand il comprit que les cavaliers palmyréniens se sentaient protégés par leur armement lourd et qu'ils étaient plus expérimentés que les Romains, écrit Zosime, Aurélien ordonna à ses fantassins de se placer de l'autre côté de l'Oronte et à ses cavaliers de ne pas attaquer la cavalerie palmyrénienne. Mieux valait feindre la fuite et la fatiguer. La chaleur et le poids de l'armement la rendraient inefficace. Alors seulement les cavaliers romains pourraient attaquer. C'est ce qui se passa. Lorsqu'ils comprirent que les cavaliers palmyréniens devaient être fatigués, les Romains se retournèrent et les attaquèrent. Les Palmyréniens tombèrent à terre, exténués. Certains furent transpercés d'une épée, d'autres furent écrasés par leurs propres chevaux ou ceux de l'ennemi[1]. »

Zénobie apprit avec angoisse la défaite de ses troupes qui avaient, comme à l'accoutumée, fait preuve d'indiscipline face à celles d'Aurélien. Elle accepta avec peine cet affront cuisant. Elle se souvint alors de la décision de Cléopâtre au lendemain de la bataille d'Actium. La défaite de son allié et amant Antoine face à Octave n'avait pas empêché la reine d'Égypte de revenir en hâte vers Alexandrie et de clamer bien haut sa victoire sur Rome. Elle avait même fait organiser le triomphe d'Antoine qu'elle avait précédé en rentrant dans sa ville en reine victorieuse.

Zénobie eut l'idée d'agir de la même façon. Nul ne saurait qu'elle avait perdu Antioche. Pour mieux combattre contre les Romains, les Palmyréniens devaient

1. I, 50, 3.

être encouragés. Aussi Zénobie décida-t-elle d'accueillir Zabdas à Palmyre avec les honneurs des chefs victorieux.

Mais le général palmyrénien ne rentra pas tout de suite à Palmyre. Il ne s'avouait pas vaincu. Il regroupa ses troupes près d'Antioche sans connaître les intentions de la reine. Il livra ainsi à l'empereur une deuxième bataille. Malheureusement, les soldats de Zabdas réfugiés sur une colline dominant la ville furent sauvagement tués. Aurélien voulait faire comprendre à Zénobie que la partie était perdue pour elle. En revanche, il se montra conciliant envers les habitants d'Antioche qui l'acclamèrent comme de nombreuses autres cités avant elle.

Zénobie ne ménagea pas son temps. Elle encouragea les blessés et ceux qui avaient été vaincus, leur démontrant qu'ils étaient victimes de leur désobéissance et de leur incapacité à lutter en groupe. Elle n'hésita pas à écrire de nombreux messages au chef militaire en lui donnant des leçons et reçut ceux qui osaient critiquer sa politique. Elle devait justifier ses actes.

Reprenant les arguments de tout chef de guerre, elle mit en avant les conséquences d'une future défaite et leur démontra combien ils seraient malheureux dans les prisons d'Aurélien s'ils devenaient ses prisonniers. Eux qui étaient habitués à la liberté, qui avaient terrassé des légions, qui étaient bien les maîtres du monde, seraient traînés, des boulets aux chevilles, devant la foule de Rome venue acclamer l'empereur. Ils marcheraient, les fers aux pieds, sans espoir de retour.

Comment vivraient-ils loin du désert ? Que deviendraient leurs familles ? Leurs femmes seraient vendues comme esclaves à Rome ! Leurs enfants seraient peut-être tués !

Zénobie n'hésitait pas haranguer ses soldats. Elle leur répétait maintes fois le même discours. Peut-être ne l'aurait-elle pas fait si elle avait été convaincue de la supériorité de ses troupes. Elles étaient rusées, supérieures et invincibles sur leur terrain. Elle y ferait donc venir Aurélien et l'obligerait à combattre en plein désert, le fatiguerait, maîtriserait ses propres hommes impatients de venger leur défaite.

S'il avait perdu beaucoup d'hommes, le chef palmyrénien avait encore une troupe importante. Il jugea bon de gagner Émèse pour y attendre Aurélien. Pendant ce temps, Aurélien était reçu à Apamée puis à Larissa avec les honneurs. Tout en songeant au ravitaillement de ses troupes et de ses chevaux, il avançait rapidement. Cette fois-ci, le général avait compris que l'empereur emprunterait la route la plus longue, celle du littoral. Il éviterait les fortes chaleurs du désert et atteindrait Émèse avant de prendre la direction de Palmyre.

Zénobie poussait son général à l'attaque. Telle Cléopâtre, elle voulait assister à une bataille décisive du haut d'un promontoire et juger de la qualité de ses hommes. Les cavaliers d'Aurélien ne pouvaient manquer d'être impressionnés par la force de l'armée palmyrénienne. Malheureusement, oubliant encore une fois les ordres de la reine, l'armée de Zénobie se dispersa. Ceux qui avaient réussi à harceler des cavaliers romains les poursuivaient en se désolidarisant du reste des troupes, oubliant de soutenir ceux qui en avaient besoin.

Apprendre la défaite de ses fidèles soldats devait être très éprouvant pour Zénobie. Elle refusa peut-être de les écouter. Sans doute les congédia-t-elle sans ménagement. Sa seule préoccupation était maintenant de sauver Palmyre dont les murailles avaient été renforcées. Les gardes étaient déjà en place et surveillaient le retour des espions partis aux renseignements. Zénobie voulait savoir très exactement où se trouvait Aurélien, celui qu'elle haïssait mais qu'elle avait également envie de connaître, le seul qui lui eût tenu tête.

La prise de Palmyre

La reine apprit ainsi qu'Aurélien était dépourvu de machines de siège et qu'il ne songeait qu'à avancer le plus vite possible pour en finir avec cette guerre. Zénobie en conclut que l'empereur ne s'encombrerait ni de béliers ni de scorpions. Aussi avait-elle des chances de supporter le choc d'une bataille si les Palmyréniens restaient camouflés derrière les remparts de la ville. Si Aurélien n'avait pas de machines de siège, les Palmyréniens pouvaient résister plus longtemps aux tentatives d'assaut des Romains. La reine avait peut-être manqué de cavaliers et de fantassins dans de nombreuses batailles mais aucune faille ne permettrait à l'empereur de pénétrer dans sa ville. Cette fois-ci, la reine distribuerait elle-même ses ordres.

Aurélien gagnait chaque jour des peuples à sa cause. Face aux soixante-cinq mille Palmyréniens, il se sentait prêt à l'emporter facilement. Il rencontra une nouvelle fois l'armée palmyrénienne. La cavalerie romaine dut tout d'abord céder devant celle de Palmyre mais les fantassins se montrèrent une nouvelle fois très efficaces. Dès que les cavaliers palmyréniens furent dispersés et occupés à poursuivre les cavaliers romains, les fantassins d'Aurélien fondirent sur eux avec des lances et des massues. Rares furent les survivants dans le camp palmyrénien. Certains tentèrent de fuir vers le littoral, tout acquis à Aurélien.

Aurélien savait que Zénobie l'attendait dans sa ville. Il décida d'emporter tous les trésors que la reine gardait à Antioche et informa ses troupes qu'il comptait maintenant achever ce qu'il avait commencé.

Le butin fut considérable. Les soldats réunirent des richesses. Aurélien pouvait reprendre sa marche sur Palmyre. Pourtant, celle-ci ne se passa pas sans difficultés. Les nomades ne facilitèrent guère la tâche de l'empereur qui les attaqua à plusieurs reprises.

De leur côté les Palmyréniens, protégés dans leur ville, avaient retrouvé leur confiance face aux discours enflammés de la reine. Zénobie avait envoyé des messagers au roi perse pour obtenir de l'aide. Tous deux devaient faire alliance contre Rome. Par sécurité, elle avait fait partir plusieurs lettres car elle connaissait l'habileté des Romains toujours prêts à tuer des intermédiaires et à intercepter des messages importants.

Tandis que Zénobie cherchait à retarder la confrontation avec Aurélien et qu'elle envisageait l'aide de Sapor, l'empereur romain avait déjà reçu des renforts perses. La plupart périrent dans les combats contre les nomades. Sapor n'aurait sans doute pas accepté d'aider Zénobie. Il ne pouvait oublier les prises de position d'Odénath. Il n'avait pas non plus autant de pouvoir qu'avant. En outre, il arrivait à la fin de sa vie.

Aurélien se demandait comment il parviendrait à faire céder Zénobie. Il la savait têtue et courageuse. Palmyre n'était pas une ville facile à prendre. Zénobie y avait réuni un important dispositif et elle l'avait fait entourer d'une muraille imposante.

Aurélien s'approcha de Palmyre au printemps 272. Il installa son camp si près de la ville que les Palmyréniens entendaient les cris et les chants de ses soldats à la tombée de la nuit. Zénobie savait que l'empereur ne perdrait pas de temps et qu'il attaquerait vite. Elle prépara les esprits à cette éventualité, ordonna de fabriquer encore quelques armes, de sortir les scorpions et toutes sortes de projectiles pour repousser l'ennemi.

Chacun rentra chez soi un peu décontenancé. Les rues furent bientôt désertes. Seuls quelques guetteurs montaient en haut des murailles en observant l'horizon d'un air inquiet. Les marchands ne tentaient plus de vendre leurs coussins ni leurs foulards de soie. Les tavernes ne proposaient ni bière ni vin. Les serveurs avaient fermé leur comptoir extérieur percé de trous dans lesquels étaient disposées leurs jarres de vin et d'eau. Les notables ne paradaient plus en habit majestueux, le port altier, en toisant quelque prostituée au bras d'un soldat.

Toute la ville était à l'écoute ou en famille, tentant de se réconforter dans le jardin ou le péristyle, observant les couchers de soleil avec angoisse. Les femmes restaient muettes d'effroi en pensant qu'elles pouvaient devenir le lendemain prisonnières des Romains. Être vendues sur les marchés serait peut-être leur sort. Que deviendraient leurs enfants si leurs pères étaient prisonniers ou tués ?

*
* *

Zénobie avait raison : Aurélien fit dès le lendemain le siège de la ville. Il avait donné des ordres stricts : aucune aide extérieure ne devait entrer en contact avec Zénobie. Il faisait allusion aux éventuels secours perses que la reine avait demandés.

Prévoyant, Aurélien s'était renseigné sur la configuration du terrain avant même de venir à Palmyre. Sachant que le désert était l'ennemi des Romains qui y rencontraient maints pièges nouveaux pour eux, il avait pris toutes les mesures possibles pour l'emporter. Après avoir combattu les tribus bédouines, il traita avec elles afin d'assurer l'approvisionnement de son armée pendant la durée du siège. La plupart, heureuses de recevoir des biens du Romain, le soutinrent volontiers.

Aurélien envoya alors un message à Zénobie. Il lui

décrivait ses propres forces et lui proposait un marché : qu'elle se rende et elle serait correctement traitée par l'empereur. Elle devrait, cependant, renoncer à tous ses titres et partir avec sa famille dans une ville que l'empereur aurait lui-même choisie. Elle devrait aussi donner à Rome tout son trésor et toutes ses bêtes. Les Palmyréniens seraient alors convenablement traités et ils conserveraient leurs droits.

Zénobie répondit sèchement à Aurélien malgré la situation délicate dans laquelle elle se trouvait. Elle consulta sans doute Longin et dicta une lettre que Nicomaque traduisit du syrien en grec. Elle déclara à Aurélien qu'elle ne céderait jamais, que Cléopâtre n'avait jamais faibli devant Octave, qu'elle saurait bien le battre avec ses alliés les Sarrasins et les Arméniens. « Jamais personne ne m'a fait une telle demande avant toi ! Seule la valeur décidera de l'issue de la guerre ! Des voleurs syriens t'ont déjà battu ! Lorsque les forces qui doivent me rejoindre arriveront, tu perdras ta fierté et tu ne me demanderas plus de me rendre comme si tu l'avais déjà emporté[1] ! »

Elle détestait le ton péremptoire de l'empereur et semblait se retrouver plusieurs années en arrière face à des Romains orgueilleux et fiers. Sans doute certains courtisans palmyréniens jugèrent-ils l'occasion intéressante de faire la paix et de sauver leur vie. Mais Zénobie avait analysé la situation. Si ses citoyens risquaient de mourir de faim, les soldats d'Aurélien devaient également manquer d'eau et de pain.

1. « Le divin Aurélien », 27, 5.

Quand il reçut une telle lettre, Aurélien entra dans une violente colère. Il décida d'engager immédiatement le combat contre cette femme impossible pour ne pas devenir la risée des Romains comme Marc Antoine l'avait autrefois été dans la ville de Rome.

Les Palmyréniens furent bientôt affamés. Aurélien paraissait trouver des subterfuges pour nourrir son armée. De nouveaux nomades n'hésitaient pas à traiter avec lui et à lui donner des vivres, ce qui aurait accablé Zénobie si elle l'avait appris. Des alliés de Palmyre passaient à l'ennemi. Aurélien avait à sa disposition le trésor qu'il avait pris dans les villes soumises.

Ne voyant plus aucune issue puisque les secours perses n'arrivaient pas et qu'ils semblaient avoir été interceptés, Zénobie décida un soir de partir elle-même avec une escorte. Elle était résolue à convaincre les Perses de l'aider à délivrer Palmyre. Les Perses pouvaient avancer vers Antioche pour obliger Aurélien à y conduire ses troupes. Auquel cas, Palmyre serait libérée.

Apprenant sa fuite, Aurélien se mit de nouveau en colère. Cette reine était décidément désobéissante et indomptable. Croyait-elle échapper à sa vigilance ? Il envoya aussitôt une troupe sur ses talons.

La reine avança avec ses hommes le plus vite qu'elle put, ne ménageant pas ses efforts. Elle avait estimé qu'il lui fallait deux ou trois jours pour rejoindre l'Euphrate. Elle dut éviter les longues nuits et les haltes prolongées. Mais malgré tous ses efforts, les Romains la rejoignirent.

Tandis que Zénobie était rattrapée aux bords de l'Euphrate, les Palmyréniens continuaient à périr. Certains, à bout de forces, proposèrent de se rendre. Aurélien leur promit la vie sauve en échange de leurs dons. Mais avant de traiter avec ces Palmyréniens, il tint à recevoir la reine de Palmyre qui n'avait rien perdu de sa dignité. Elle restait la mère du roi de Palmyre et souhaitait être traitée avec beaucoup d'égards. Elle dut apparaître devant le trône d'Aurélien dans une tenue pitoyable, les cheveux défaits, le visage rougi et recouvert de poussière, la tunique froissée et salie. Mais elle refusa sans doute de baisser les yeux devant Aurélien et lui parla avec dignité.

Il est facile d'imaginer les propos que lui tint l'empereur. Aurélien dut lui reprocher son attitude envers des Romains pacifiques. La reine rappela sans doute l'incapacité et la faiblesse des empereurs qui l'avaient précédé.

Comme tous les soldats romains réclamaient la tête de la reine, Zénobie céda alors à la panique et se jeta aux pieds de l'empereur. Était-ce un geste calculé ou fut-elle alors victime d'une réelle frayeur ? Elle accusa ses conseillers de l'avoir mal dirigée.

Aurélien eut pitié de la reine. Il la fit attacher et conduire sous une tente. Les Palmyréniens déplorèrent la défaite de leur reine et voulurent immédiatement parlementer avec Aurélien. Les portes de la ville lui furent ouvertes. Aurélien y trouva des armes et des soldats, d'habiles archers et de nombreuses richesses. Palmyre était désormais sous la coupe des Romains.

XXV

Zénobie à Tivoli

Le triomphe d'Aurélien

Zénobie se soumit à son sort. Mais Aurélien voulait faire un exemple. Il comptait bien châtier la reine et la faire passer en jugement. Il l'accusait de traîtrise à l'égard de Rome. Il considérait, en effet, que les Romains avaient fait de nombreux cadeaux à Zénobie, que l'armée avait protégé les caravanes palmyréniennes et que la reine avait profité de la faiblesse de Claude II et de Gallien pour s'imposer. Il estimait qu'elle avait transgressé les règles en s'emparant de l'Égypte et en étendant son empire. Elle avait accordé à son fils un honneur sans précédent : celui de porter sur les monnaies le titre d'empereur romain en supprimant son nom. Elle avait abusé de la bonté romaine.

Tel devait être probablement le raisonnement d'un homme qui n'aurait jamais pu agir avec l'esprit manœuvrier de Zénobie. Mais la reine, aguerrie, qui avait supporté pendant des années la férule des cohortes romaines n'avait ni le passé ni l'éducation d'Aurélien.

L'empereur décida que la reine serait jugée à Émèse dans une ville qui lui était tout acquise et qui avait tourné le dos à Zénobie. Le procès rassembla beaucoup de monde. La reine réfléchit longuement avant de déposer au tribunal. Sans doute s'entoura-t-elle de conseillers. Curieusement, l'*Histoire Auguste* rapporte qu'elle aurait encore une fois accusé ses fonctionnaires de l'avoir mal dirigée. Longin lui aurait donné de mauvais conseils. Elle n'était pas responsable des actes qu'elle avait commis. Ces hommes avaient profité de sa faiblesse. Longin était un être dur et cruel. Il était prétentieux et sans vergogne. Il lui dictait les lettres qu'elle avait envoyées à Aurélien.

S'il est vrai que Longin devait être intraitable et direct, il semble étonnant qu'une reine comme Zénobie ait choisi ce genre de défense peu digne d'elle. Quoi qu'il en fût, Aurélien estima que les conseillers de la reine seraient condamnés à mort mais que Zénobie aurait la vie sauve. Avait-il été séduit par le charme de la reine ? Souhaitait-il montrer encore une fois sa clémence à la face du monde ? Aurélien ressentait-il pour Zénobie les mêmes sentiments que Marc Antoine pour Cléopâtre ?

Seul le préoccupait alors son triomphe à Rome. Il voyagea avec de nombreux chars transportant son butin de guerre. Les prisonniers suivaient. Zénobie était bien traitée pour une reine déchue. Comme Cléopâtre y avait songé autrefois, elle devait imaginer avec honte et effroi le jour du triomphe où Aurélien la montrerait au peuple romain les fers aux pieds et les mains liées.

Le spectacle des Romains foulant au pas cadencé le sol de Palmyre sous les colonnades revint à son esprit. Elle les avait toujours haïs. Elle pensait les avoir battus. Elle avait vécu pour les dominer. Or, elle défilerait bientôt, vaincue et pitoyable, devant le peuple romain rassemblé. Qu'aurait pensé son père d'une telle situation ? Avait-elle agi comme il l'aurait souhaité ? Avait-elle tout perdu à cause de ses rêves et de ses ambitions ?

Zénobie n'était pas femme à faire un constat. Elle ne regrettait rien et elle espérait tout. Les retours de situation avaient été si fréquents depuis qu'elle était née. Tant qu'elle vivait, elle avait l'espoir de reprendre le pouvoir. D'aucuns, comme Zosime, racontent que Zénobie s'était suicidée comme Cléopâtre pour échapper au triomphe d'Aurélien. Son caractère ne s'y prêtait guère surtout si elle sentait l'empereur prêt à l'écouter et à répondre à ses charmes. Cette nouvelle faiblesse lui laissait des raisons d'espérer, quitte à régner aux côtés de l'empereur romain pour mieux l'évincer par la suite.

Aurélien avança rapidement vers le littoral. Il avait finalement pris la décision de ne pas anéantir Palmyre qui pouvait lui servir d'étape pour une prochaine bataille contre les Perses. Sans doute interrogea-t-il Zénobie sur les forces qu'elle avait envoyées sur l'Euphrate, sur ses relations avec le fils de Sapor et sur le commerce que les Palmyréniens faisaient depuis des années avec les autres pays.

Aurélien dut être surpris de la maîtrise de Zénobie dans ces domaines. La reine lui révéla-t-elle tout ce qu'elle savait ? Lui raconta-t-elle pourquoi Odénath avait réussi à l'emporter là où les légions romaines avaient échoué ?

Zénobie devint-elle alors la compagne d'Aurélien ? La reine n'était-elle pas également séduite par cet homme beau et rigoureux ? Sa philosophie et ses idées religieuses devaient l'étonner et l'intéresser.

À son tour, Zénobie dut admirer la belle ordonnance des troupes d'Aurélien qui gagnèrent Émèse. Les soldats étaient fourbus. Ils avaient hâte d'embarquer. La reine s'inquiétait davantage pour le sort de son fils que pour elle-même. Reverrait-il un jour Palmyre ? Aurélien lui permettrait-il de régner de nouveau dans cette ville ? Subirait-il le sort de Césarion autrefois assassiné sur les ordres d'Octave ?

Aurélien embarqua non loin d'Émèse avec ses prisonniers et son butin. Le défilé de son armée était alors impressionnant à voir. Les bateaux romains s'éloignèrent du littoral sous les yeux émerveillés des habitants d'Émèse qui louaient encore la grande indulgence d'Aurélien. L'empereur avait bien sacrifié les proches conseillers de la reine de Palmyre mais Zénobie était en vie, symbole de défaite et de clémence impériale. Longin avait accepté son sort sans faillir. Il était mort dignement.

En s'éloignant du rivage, Zénobie ressentait un mélange de nostalgie et de haine. Elle échafaudait déjà quelque nouveau plan, regrettant de ne pouvoir en faire part à Longin. C'est alors que la mer se déchaîna. Une tempête terrible projeta les vaisseaux d'un côté et de l'autre avec une violence inouïe. Plusieurs bateaux, qui transportaient des prisonniers, se cassèrent en deux ou se retournèrent. Les passagers se noyèrent au grand dam d'Aurélien qui vit ainsi disparaître de nombreux prisonniers. La reine n'avait pas embarqué sur le même bateau qu'Aurélien. Son fils se trouvait dans une autre embarcation.

Quand le cortège arriva à Ostie, les Romains massés sur le port acclamèrent Aurélien. Ils regardèrent avec curiosité la reine de Palmyre. Certains la sifflèrent ou lui envoyèrent des injures. L'empereur avait décidé de la protéger. Il donna des ordres pour la soustraire aux curieux qui attendaient avec impatience le jour du triomphe. Zénobie apprit alors que l'embarcation de son fils avait coulé et que Waballath avait disparu. Elle comprit que l'empereur avait sans doute organisé ce naufrage. Mais elle fit en sorte de ne pas montrer sa peine à l'ennemi.

Waballath disparaît effectivement à cette époque des écrits et des monnaies mais il est difficile de savoir ce qu'il devint. L'*Histoire Auguste* rapporte que Zénobie vécut à Rome avec ses deux fils et ses filles qui auraient été mariées à de riches Romains (l'une d'elles aurait même épousé Aurélien). D'autres écrits parlent des descendants de la reine qui auraient survécu à Zénobie. Mais l'on sait aussi que l'*Histoire Auguste* semble avoir confondu deux fils de Zénobie avec Waballath. Ce dernier vécut-il avec sa mère à Rome ?

L'empereur apprit alors que les légions romaines en place à Palmyre avaient été malmenées par les Palmyréniens. Des archers romains avaient été tués par un certain Apsaios. Il convoqua Zénobie et entra dans une vive colère. Il reprocha de nouveau à la reine le manque de parole des Orientaux et leur fourberie. Il regretta aussi de ne pas les avoir exterminés. Si les Palmyréniens continuaient à se conduire de la sorte, des Romains rejoindraient Palmyre au plus vite et détruiraient la ville. Les habitants seraient vendus sur les marchés, les femmes seraient violées et les monuments détruits.

Soupçonnant quelque initiative intéressante, Zénobie dut lui promettre d'écrire aux Palmyréniens mais elle savait que les Goths reprendraient bientôt leur offensive sur le Danube et que les Perses n'attendraient guère pour se manifester. Quelque complot se mettait sans doute en place contre l'empereur qui ne manquerait pas de tomber dans les pièges des Orientaux.

Le retour d'Aurélien fut l'occasion de grandes réjouissances. Bien qu'il recommandât la modération, l'empereur accepta que chaque Romain fêtât ce succès à sa façon. Il organisa des spectacles au théâtre et dans l'amphithéâtre. Des concours de poésie et de dramaturgie se succédèrent. Des présents furent distribués aux familles.

Quand Aurélien apparut sur son char tiré par des chevaux blancs harnachés de rouge, le front couronné de laurier, le peuple hurla d'enthousiasme. Le cortège triomphal défila dans toute la ville. Les prisonniers marchèrent en tête le front baissé vers le sol. La reine Zénobie était le plus beau joyau de ce cortège. La reine sembla accepter stoïquement cette suprême injure. L'empereur lui avait rendu plusieurs fois visite depuis son retour et elle le sentait captivé par son esprit. Se montrant faussement repentante, elle l'envoûtait. Elle lui jurait que son tempérament n'était pas propre à la trahison et que seuls étaient coupables ceux qui l'avaient entourée. Elle lui rappelait que sa famille avait été favorable aux Romains.

Le jour du triomphe était attendu avec frénésie par l'ensemble du peuple romain. Il arriva enfin. Trois chars royaux défilèrent, celui d'Odénath, orné d'argent, d'or et de pierres précieuses ; celui que le roi des Perses avait offert à Aurélien et celui de Zénobie. L'*Histoire Auguste* raconte que la reine de Palmyre l'avait fait fabriquer elle-même pour son entrée dans Rome avant qu'elle ne fût prisonnière. Un autre char offert par le roi des Goths était tiré par quatre cerfs qu'Aurélien avait décidé de sacrifier à Jupiter Très Bon et Très Grand.

Vingt éléphants défilaient devant des bêtes sauvages attrapées en Libye et deux cents animaux capturés en Palestine. Comme l'État devait assurer leur entretien, Aurélien préféra les offrir à des particuliers. Tigres, girafes, élans rendaient le cortège exotique. Venaient ensuite mille six cents gladiateurs et de nombreux prisonniers qui portaient tous des dons. Quelques riches Palmyréniens et plusieurs Égyptiens rebelles complétaient le tableau non loin des Indiens, des Ibères, des Goths, des Francs, des Suèves, des Vandales et des Sarmates aux mains liées.

Quelques femmes habillées en homme qui avaient osé combattre contre l'empereur défilèrent également.

Certaines portaient devant elles un panonceau indiquant de quel pays elles venaient. Même le roi des Gaules Tetricus et son fils avançaient dans les rangs des vaincus, avec la chlamide rouge et les braies gauloises. Zénobie était ornée de bijoux. Ses chaînes portées par des domestiques soulevaient des exclamations dans la foule.

Les Romains acclamèrent les sénateurs, les soldats, les cavaliers et les trésors rapportés par Aurélien. Ils le suivirent jusqu'au Capitole puis au palais. Tous allaient maintenant profiter des spectacles, des chasses, des batailles navales et des combats de gladiateurs qui leur seraient offerts.

Après son triomphe, Aurélien prit de nouvelles mesures et remplit ses engagements. Il avait ainsi promis au peuple des couronnes de deux livres s'il l'emportait sur ses adversaires. Bien que les Romains attendissent des couronnes en or, l'empereur ne put que leur donner des couronnes de pain en s'engageant à leur en fournir chaque jour jusqu'à la fin de leur vie. L'empereur ajouta des morceaux de porc, du vin et de l'huile. Il fit aussi distribuer aux Romains des tuniques blanches et des vêtements en lin rapportés d'Afrique et d'Égypte. Ceux-ci pouvaient porter n'importe quelles chaussures à condition qu'elles ne fussent ni blanches, ni jaunes, ni vertes, ni rouges, couleurs qui étaient, en revanche, autorisées aux femmes.

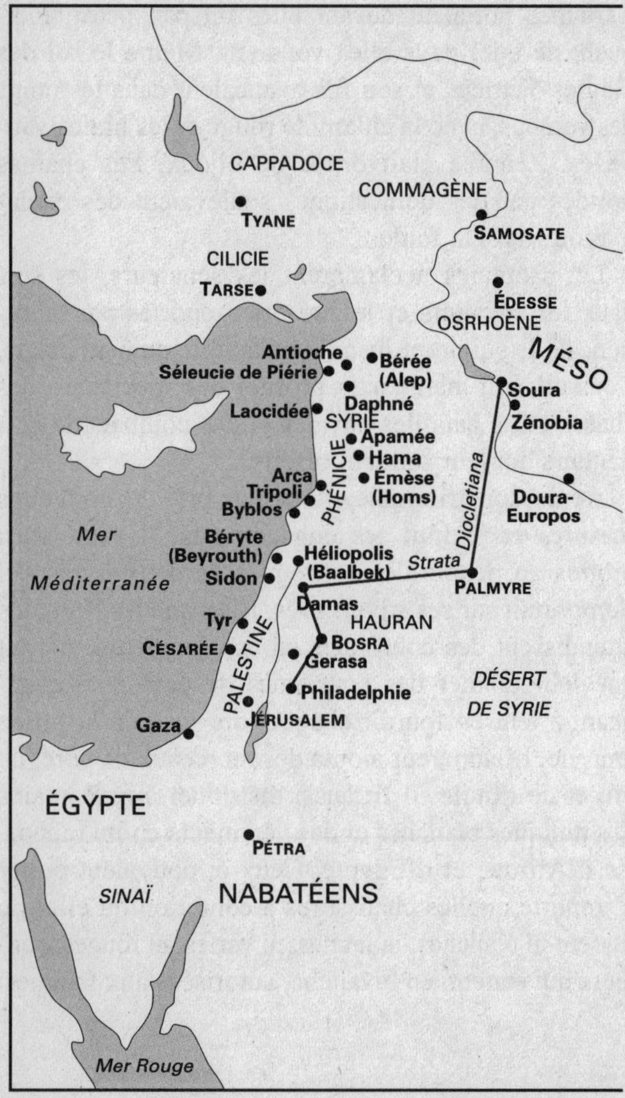
CAPPADOCE
COMMAGÈNE
TYANE
SAMOSATE
CILICIE
TARSE
ÉDESSE
OSRHOÈNE
MÉSO
Antioche
Bérée
(Alep)
Séleucie de Piérie
Daphné
Soura
Zénobia
Laocidée
SYRIE
Apamée
Hama
PHÉNICIE
Arca
Tripoli
Émèse
(Homs)
Byblos
Diocletiana
Doura-
Europos
Mer
Méditerranée
Béryte
(Beyrouth)
Héliopolis
(Baalbek)
Strata
PALMYRE
Sidon
Damas
HAURAN
Tyr
BOSRA
CÉSARÉE
Gerasa
PALESTINE
Philadelphie
DÉSERT
DE SYRIE
JÉRUSALEM
Gaza
ÉGYPTE
PÉTRA
SINAÏ
NABATÉENS
Mer Rouge

Les empires

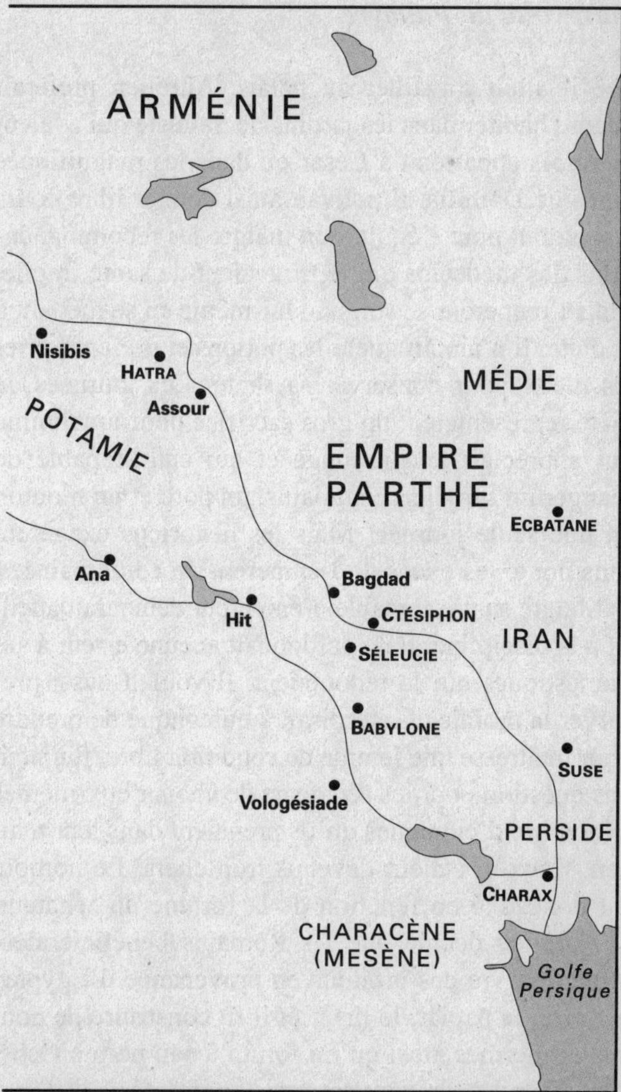

parthe et romain

La révolte de Palmyre

S'il allait travailler au palais, Aurélien préférait encore habiter dans les jardins de Salluste qui avaient autrefois appartenu à César ou dans les magnifiques parcs de Domitia. Il pouvait ainsi donner libre cours à son goût pour l'équitation malgré les recommandations des médecins qui le trouvaient de santé fragile. Mais l'empereur se soignait lui-même en se mettant à la diète. Il n'aimait guère les potions et préférait prier les dieux pour conserver sa santé. Ces journées de diète représentaient un gros sacrifice pour un homme qui appréciait le vin rouge et qui était capable de manger un sanglier, cent pains, un porc et un mouton en une seule journée. Mais les historiens exagèrent sans doute les excès de l'empereur en ce domaine...

Malgré sa vie agréable, l'empereur demeurait attentif à la discipline. Il ne pardonnait aucune erreur à ses domestiques qui le redoutaient. Il voulait aussi préserver la morale et interdisait à quiconque de prendre pour maîtresse une femme de condition libre. Il n'était pas question pour les sénateurs de choisir eux-mêmes le nombre d'eunuques qu'ils prenaient dans leur maison. Ceux-ci étaient devenus trop chers. Le nombre fut donc fixé en fonction de la fortune du sénateur.

Aurélien décida que les Romains bénéficieraient toute leur vie des produits en provenance d'Égypte : le verre, le papier, le lin... et il fit construire de nouveaux thermes ainsi qu'un forum à son nom à Ostie.

Jamais il ne laissait ses amis confrontés à des problèmes d'argent. Il leur venait en aide en prenant garde de ne pas soulever le mécontentement de ses compatriotes. S'il se montrait toujours sobre dans ses tenues et dans ses choix, Aurélien permit cependant aux Romains de déambuler dans des chars ornés d'argent et de boire dans des coupes en or. Les soldats pouvaient aussi porter des fibules en or sur des tuniques brodées et les matrones se couvrir de pourpre.

*
* *

Puisqu'elle n'avait pu l'emporter par les armes, Zénobie essayait la ruse. Dans les jours qui suivirent le triomphe, Aurélien multiplia ses visites à la prisonnière. Il lui annonça lui-même qu'il s'apprêtait à partir en campagne. Aurélien devait apprécier son courage, son endurance, son caractère bien trempé, son attirance pour la chasse et la guerre qui lui ôtait de la féminité. Zénobie, un peu virile, selon l'empereur, ne ressemblait pas aux femmes alanguies d'Orient. Elle s'était présentée devant lui avec un casque et un manteau pourpre bordé de perles et retenu par une fibule en pierres précieuses. Mais elle aimait aussi les toilettes. Dans son magnifique palais de Palmyre, les visiteurs se prosternaient devant elle comme devant le roi des Parthes.

Zénobie apprit des nouvelles agréables. Les Palmyréniens lui expliquèrent que leur plan était au point, qu'ils avaient des alliés en Égypte, qu'un ami, un Grec vivant à Alexandrie, avait promis de préparer un complot qui leur redonnerait ce pays tant aimé par Zénobie. Les commerçants égyptiens avaient toujours fait d'excellentes affaires avec Palmyre. Ils gagnaient plus en traitant avec eux qu'avec les Romains. Comme ils étaient puissants en Égypte, ils ne doutaient pas que ce pays serait bientôt leur allié... Les soldats sauraient réunir les tribus hostiles aux Romains. Il enverrait un message dès qu'il serait maître d'Alexandrie.

Le message du Grec ne se fit pas attendre. En juillet, Firmus annonçait qu'il pouvait mettre Achilleus sur le trône d'Égypte. Les Égyptiens étaient las des Romains qui ne les connaissaient que pour leur blé ou leurs richesses. Ils avaient compris qu'ils pouvaient avoir avec les Palmyréniens des relations d'égal à égal. Plus aucun produit ne partirait d'Égypte en direction de Rome.

Firmus se montrait aussi intransigeant que Longin. C'était un homme grand aux yeux ronds. Ses cheveux étaient frisés et son front recouvert d'une cicatrice. Il était si poilu qu'on le surnommait « le Cyclope ». Il mangeait beaucoup de viande (jusqu'à une autruche par jour) et buvait de l'eau. Il était robuste et intelligent. Flavius Vopiscus dit encore qu'il était riche et qu'il possédait des défenses d'éléphants énormes. Aurélien les aurait convoitées pour fabriquer un trône en l'honneur de Jupiter.

Firmus passait pour avoir orné sa maison de carreaux et pour posséder une grande quantité de papyrus. Il ordonna aussitôt la reconstruction de la muraille de Palmyre qu'Aurélien avait détruite.

XXVI

Ultimes représailles

De nouvelles révoltes

Alors qu'Aurélien recevait avec une joie sans mélange les vivats des Romains, les Palmyréniens, qu'il avait épargnés et qui restaient fidèles à Zénobie, établirent un plan pour reprendre leur liberté. Un Palmyrénien dont les idées rejoignaient celles de Longin motiva plusieurs de ses compatriotes et envoya un messager au gouverneur de Mésopotamie. Celui-ci ne se laissa pas fléchir aisément. Il parla même du message à Aurélien dont il avait toujours été le fidèle serviteur.

Les Palmyréniens persistèrent dans leurs projets. Ils allèrent trouver Achilleus (ou Antiochos) qui faisait partie de la famille d'Odénath et de Zénobie et lui proposèrent de l'installer sur le trône de Palmyre. Achilleus ne fut pas difficile à convaincre. Il mit au point une stratégie pour recevoir les troupes d'Aurélien. Alors même qu'il préparait tout cela à la hâte, l'armée romaine se présenta aux portes de Palmyre.

Apprenant l'insurrection, Aurélien avait aussitôt fait

route vers la ville. Il arriva à Antioche au milieu de la stupeur générale. La joie y régnait. Les habitants avaient organisé des concours et passaient du bon temps. Aurélien s'y reposa avec ses hommes puis il se précipita sur Palmyre. Sans même laisser le temps aux insurgés de s'organiser, il les battit et détruisit la ville. Voici ce qu'il écrivit alors à C. Bassus selon l'*Histoire Auguste* : « Il est inutile que les épées frappent encore. On a déjà tué de très nombreux Palmyréniens. Nous avons exterminé les femmes, les enfants, étranglé les vieillards, massacré les paysans. Qui va maintenant garder la ville ? Laissons des survivants qui nous redouteront toujours en se souvenant de la mort de leurs proches. Que le temple du Soleil pillé par les porte-enseignes, les porte-aigles, les porte-étendards, les sonneurs de cor et de trompettes soit restauré. Voilà trois cents livres d'or pris dans le trésor de Zénobie, mille huit cents livres d'argent pris aux Palmyréniens ; pour me plaire et plaire aux dieux immortels, utilise cet argent pour restaurer le temple. Je vais écrire au Sénat pour qu'il envoie un pontife à Palmyre afin de bénir le temple. »

Achilleus tremblant attendait la mort avec détermination mais Aurélien refusa de considérer seulement son existence. Il laissa debout quelques rares monuments de Palmyre et permit à un petit nombre de paysans de demeurer dans ce qui n'était plus qu'un hameau sans prestige. La chaleur et les couleurs du mois d'août 272 ne doraient plus les colonnes prestigieuses de la riche ville syrienne. Palmyre n'était plus que ruines au milieu du désert. Seuls les nomades vivant non loin de la ville avaient gardé leur vie d'autrefois.

Là encore, il ne semble pas qu'Aurélien ait complètement détruit Palmyre puisque Dioclétien recréera plus tard une ville avec de nouveaux monuments côtoyant d'anciennes bâtisses. Justinien l'agrandira et l'embellira, à son tour, au VIe siècle. Il restaurera aussi la place forte de Zénobia au bord de l'Euphrate.

En revanche, il est certain que Palmyre devait connaître un déclin manifeste. Zénobie n'en était-elle pas responsable ? En choisissant une politique de conquête, la reine n'avait pas privilégié le trafic des caravanes. En choisissant le camp des Romains, Odénath avait encouragé Sapor à couper aux Palmyréniens la route maritime vers l'Inde.

La destruction de Doura-Europos et les dommages causés à Palmyre avaient ralenti le trafic commercial. Le parcours des caravaniers avait été modifié. De Séleucie, les caravaniers se rendaient à Ctésiphon, Hatra, Nisibis. En 297, l'empereur Dioclétien se mettra d'accord avec les Perses pour emprunter une nouvelle route de la soie. En 363, une bataille à Nisibis, obligera les caravaniers à suivre une voie située plus au nord, à travers l'Asie Mineure.

Sans muraille, sans prestige, Palmyre n'était plus alors qu'un village de nomades où s'effectuait un petit commerce sous l'œil vigilant d'un chef de garnison romaine. Selon les récits arabes, peut-être le neveu de Gadhima prit-il alors la tête de ce village qui devint chrétien. Les temples de Bêl et de Baalshamin furent transformés en églises. À l'emplacement du palais de

Zénobie furent aménagés des thermes pour les garnisons romaines. Le temple d'Allat fut détruit par Maternus Cynegius, qui détruisit de nombreux temples païens au IVe siècle. De nombreux dégâts furent également causés en Orient par des bandes de brigands et par ceux qui défendaient l'ascétisme. En souvenir des cultes païens, parfois obscènes, des temples furent détruits. Saint Éphraïm et Siméon n'hésitaient pas à vivre dans des caves pour donner l'exemple de leur courage et de leur vertu.

Sans perdre de temps, Aurélien gagna l'Égypte. En apprenant la chute de Palmyre, Firmus se réfugia dans le palais d'Alexandrie où il se suicida. Aurélien l'emporta aussi sur les tribus et fit détruire les murs d'Alexandrie. Il créa de nouveaux impôts et envoya de nombreuses garnisons en Syrie et en Égypte. Il était désormais l'empereur de l'Orient. Aucune région autrefois sous la férule de Zénobie n'échappait à son contrôle.

Zénobie dans une prison dorée

Dans la villa de Tibur où Aurélien avait décidé de l'installer, Zénobie apprit sans étonnement la destruction de sa ville. Elle avait suffisamment de complices à Rome pour être informée des événements. Aurélien lui-même ne devait rien lui cacher. Bien qu'elle fût sans doute affligée par une telle nouvelle, qu'elle songeât souvent aux senteurs et aux beautés perdues de Palmyre et qu'elle pensât à son fils avec nostalgie, rien ne pouvait lui ôter l'espoir. Cette femme était une battante avant tout. Tant qu'elle était en vie, elle espérait. Elle avait fait un nouveau bilan de la situation : Aurélien allait combattre en Orient. Il était entouré d'ambitieux qui convoitaient déjà sa place. Elle-même avait le pouvoir d'agir en coulisses et de préparer la fin de cet empereur trop brillant.

Elle avait une trentaine d'années et beaucoup de charme. En très peu d'années, elle avait soumis les Syriens, la Palestine et la Cappadoce. Elle s'apprêtait, avec les forces perses, à mettre la main sur Rome quand Aurélien avait interrompu sa belle ascension. Le Romain qui usurperait le pouvoir, grâce à elle, serait ravi de l'épouser et de la combler. Elle vivrait peut-être comme une riche matrone romaine mais une femme prête à diriger l'Orient avec l'aide de son époux.

Dans l'encadrement magnifique de Tibur, au milieu des jardins impeccablement arborés, des fleurs aux couleurs vives, Zénobie devait encore rêver et concevoir des plans. Aurélien venait la retrouver dans cette villa magnifique aux murs peints de scènes mythologiques, aux teintes chaudes où il faisait bon se reposer près des fontaines des péristyles. Aurélien lui avait donné cette demeure où vivait autrefois un riche sénateur. Elle y était traitée comme une invitée de l'empereur et non comme une prisonnière.

Près de chez elle habitaient des banquiers et des patriciens. Non loin de là s'étalait la magnifique villa d'Hadrien. Les bronzes et les ors y rivalisaient de beauté et d'un luxe un peu froid. Zénobie y était entourée de multiples serviteurs. Elle y était surveillée par des gardes et servie comme une reine. Elle se promenait dans le jardin, lisait dans la bibliothèque, rêvait dans le bureau où quelque sénateur avait dû étudier les futures lois romaines avant de les voter.

Comment une femme qui avait commandé des troupes, qui les avait parfois accompagnées dans le désert, qui avait invité à sa cour les plus grands savants, qui avait contrôlé le commerce des caravaniers jusqu'en Chine, qui avait fait frapper des pièces d'or à son effigie et à celle de son fils, qui régnait du Nil à l'Euphrate pouvait-elle concevoir de finir sa vie en toute quiétude dans une villa luxueuse ?

Zénobie devait s'y ennuyer d'autant qu'Aurélien partait souvent combattre. La reine avait appris combien l'histoire de Rome avait été bouleversée entre le règne de Gallien et celui d'Aurélien. Le pouvoir y était fragile et tout était possible. Même l'impératrice Severina jalousait l'influence que Zénobie avait sur son époux. Car celui-ci admirait manifestement l'ancienne reine de Palmyre qui aurait pu anéantir l'armée romaine et qui avait imposé ses ordres sur un territoire aussi grand.

Zénobie continua-t-elle à échafauder des plans en souhaitant les réaliser un jour ou se donna-t-elle la mort en ingurgitant un poison ? Si elle se donna la mort, elle savait au moment où elle se suicidait que le règne d'Aurélien touchait à son terme et qu'il subirait lui aussi la loi du plus fort, les règles du désert et celles de l'Orient.

*
* *

Après une campagne en Gaule puis en Illyricum, Aurélien partit en effet combattre les Perses. Il arriva à Caenophrurium, non loin de Byzance. Là, il eut une altercation avec son secrétaire Mnesteus qui craignit soudain pour sa vie. Aussi Mnesteus décida-t-il d'établir la liste de tous ceux que l'empereur détestait. Il les rassembla et leur lut cette liste en insistant sur le fait que l'empereur les tuerait à coup sûr s'ils ne prenaient pas les devants. Troublés ou inquiets, la plupart décidèrent d'assassiner Aurélien qui périt ainsi sous les coups de ses proches.

Aurélien avait régné plus de cinq ans. Le peuple et le Sénat furent tous deux choqués par cette disparition. L'empereur fut vénéré et ses assassins exécutés. Aurélien était mort à l'automne 275.

POSTFACE

Malgré les fouilles, le déchiffrement des inscriptions, l'analyse des textes retrouvés, l'histoire de Palmyre reste, à bien des égards, presque aussi mystérieuse que celle de Zénobie, la reine des lieux.

Que dire des sources anciennes qui induisent parfois en erreur au lieu de contribuer à la découverte de cette époque ? Les auteurs se contredisent et il est quelquefois difficile de faire la part du vrai et du faux.

L'*Histoire Auguste*, par exemple, présente bien des fantaisies. Elle se recommande parfois d'historiens anciens qui sont inconnus. Elle brode volontiers sur des périodes tourmentées comme celle qui a suivi la disparition de l'empereur Gallien. Les usurpateurs auxquels elle fait allusion ne sont parfois cités nulle part ailleurs.

En complément de l'*Histoire Auguste*, celle de l'Athénien Dexippe, dont il ne reste que des fragments et dont l'*Histoire Auguste* s'est largement inspirée, fournit quelques informations sur la période de Zénobie et de son époux Odénath. Faisant suite aux écrits d'Hérodien, l'*Histoire* de Publius Herennius Dexippe s'étend du règne de Gordien III (238) à celui d'Aurélien. Les détails fournis sur les guerres en

Orient sont précieux. Dexippe avance parfois des données historiques étonnantes ou originales. Il fournit, ainsi, des détails intéressants sur la mort de Claude II.

Les abrégés du sénateur Eutrope et de Festus, qui paraissent avoir rempli tous deux les mêmes fonctions sous le règne de Valens, les historiens Aurelius Victor ou Zosime, qui a laissé un récit commençant à l'époque d'Auguste et s'achevant après l'an 400, les chroniques d'auteurs grecs et latins fournissent, ici et là, des éléments complémentaires. Mais certaines sources paraissent trop fantaisistes. Elles mêlent le plus souvent histoire et légendes.

Pour Zosime, qui reste une référence précieuse, le christianisme marque la fin de l'Empire romain. Avec la disparition de Palmyre, une page s'apprête à se tourner. Le récit de Zosime ressemble, lui aussi, à quelques détails près, à l'*Histoire Auguste*.

Si les travaux d'Eutrope et d'Aurelius Victor demeurent très brefs, ceux de Zonaras sont intéressants à plusieurs égards. Zonaras a raconté l'histoire de la création du monde à son époque, une tâche d'autant plus ambitieuse que l'historien rapporte quelques anecdotes ou des faits mentionnés dans aucun autre texte. Zonaras n'hésite pas à donner une version personnelle de l'assassinat d'Odénath et des campagnes du roi de Palmyre contre les Perses.

Des écrits palmyréniens auraient pu nous éclairer sur l'histoire de Zénobie et de Palmyre. Ils sont, hélas, perdus. Seules demeurent des inscriptions, datées, écrites en grec et en palmyrénien, des statues, des colonnes plus éloquentes que la littérature palmyrénienne, qui permettent de reconstituer l'histoire chronologique de Palmyre. Les monnaies restent aussi de précieux documents.

La ville de Palmyre était pourtant une cité plus importante que la plupart des villes helléniques. On évalue aujourd'hui sa population à plus de cent cinquante mille personnes. Palmyre avait un sénat, une assemblée du peuple, des archontes, des stratèges. Les prêtres du temple de Bêl étaient des personnages d'une importance considérable.

Les inscriptions donnent des renseignements précis sur les taxes appliquées à Palmyre. Certains mécènes ou organisateurs de caravanes sont connus par des statues ou des dédicaces. Soados fut ainsi honoré au IIe siècle pour sa grande générosité et son dévouement. Shalamallath eut droit à une dédicace au IIIe siècle pour avoir payé l'escorte chargée de protéger une caravane. Tel fut également le cas de Worod, un important citoyen de Palmyre.

Si les habitations ordinaires étaient en briques, le marbre et le porphyre rutilaient sur les monuments et dans le quartier résidentiel. Certaines bâtisses ressemblaient à celles d'Antioche. De nombreuses mosaïques recouvraient le sol ou les murs. Les scènes mythologiques ou pastorales rappelaient sans doute les mosaïques siciliennes de la Piazza Armerina ou les décors somptueux de Paphos à Chypre. Les monuments publics étaient nombreux et impressionnants.

Cette politique de construction commença avec la création du temple de Bêl. La plupart des monuments étaient déjà en place à l'époque de Zénobie. Mais on n'en continua pas moins à améliorer les moyens de se rendre à Palmyre, notamment en créant de nouvelles voies pour gagner plus facilement l'Euphrate.

*
* *

Zénobie et Palmyre sont devenues des mythes. Lord Byron contribua à faire de la reine une figure hors du commun. La reine Zénobie et sa rivalité avec l'empereur Aurélien entraîna maints récits plus ou moins légendaires et passionnés. D'aucuns voulurent alors écrire une nouvelle épopée qui ressemblait étrangement à celle qu'avaient vécue Antoine et Cléopâtre.

Notre objectif fut, non seulement, de tenir compte des faits historiques et du travail archéologique mais aussi de faire revivre le destin d'une femme en lui donnant visage humain.

Zénobie ne pouvait garder, dans notre récit, ce visage sévère, un peu rébarbatif, qui a été gravé sur les monnaies même si cette apparence répondait aux souhaits formulés par la reine de Palmyre. Ses actions laissent pressentir quelle femme elle était.

Pour la faire revivre, il fallait tenir compte des rares documents – parfois contradictoires – qui évoquent le caractère et les actes de la reine de Palmyre ou l'époque à laquelle elle a vécu. Partant de ces documents, les analyses sont parfois multiples et les hypothèses nombreuses.

Notre intention n'était pas de dresser de longues listes d'hypothèses sur la reine de Palmyre et sur son époque. Tant d'esquisses de la reine ont été tentées à travers les siècles ! Écrire le récit de la vie de Zénobie laisse la voie ouverte à bien des suggestions. Rien de plus facile dans une période aussi troublée et au sujet d'une femme si méconnue et si célèbre à la fois que de s'arrêter à chaque ligne du récit pour s'interroger, débattre, « disputer ». Chaque description, chaque prise de position réclamerait des pages d'argumentations et de démonstrations plus ou moins concluantes.

Nous avons donc tenté d'approcher cette femme difficile à saisir et de suivre ses pas sans la trahir. Mais ce récit gardera volontairement une part de subjectivité inévitable.

Il n'en reste pas moins que l'épopée de Zénobie reste indissociable de l'histoire de son époque. Le caractère des empereurs romains qui se sont succédé, les événements orientaux, l'installation des Romains à Palmyre sont bien connus même s'il est encore difficile de savoir avec précision si les Romains considéraient les Palmyréniens comme des vaincus ou comme des citoyens à part entière.

Les recherches archéologiques, tant aux temples de Baalshamin et de Bêl qu'au Camp de Dioclétien ou dans la Vallée des tombes, permettent de mieux comprendre aujourd'hui comment vivaient les Palmyréniens, quels étaient leurs vêtements, leurs religions, leurs mœurs, les richesses de la cité auréolée par l'omniprésence du dieu solaire.

La véritable découverte de Palmyre commença dès le XVIIe siècle. Des expéditions suivirent. Dans ses *Caractères*, La Bruyère évoqua même Zénobie. Des

Britanniques tentèrent de déchiffrer les inscriptions grecques et palmyréniennes. Pour arriver à une traduction cohérente, il fallut, cependant, attendre plus de quarante ans. Un dessinateur eut l'heureuse idée de reproduire les ruines de Palmyre dans un ouvrage qui parut en 1753. Le succès ne se fit pas attendre. Dans une période romantique attirée par les humanités et les richesses antiques, la découverte des restes de Palmyre ne pouvait que susciter des passions. Baudelaire fit allusion à la ville syrienne dans son poème « Bénédiction » tandis que de riches Anglais rendaient une visite originale et remarquée à la cité de Zénobie au début du XIXe siècle. À cette époque, les voyageurs devaient, pourtant, affronter les dangers du désert et obtenir bien souvent l'aide des Bédouins. Plusieurs recueils épigraphiques regroupant les inscriptions retrouvées à Palmyre parurent.

Sous l'empereur allemand Guillaume II, des fouilles furent organisées à Baalbek puis à Palmyre. Des chercheurs allemands analysèrent les premières trouvailles et étudièrent les bases des monuments de la ville. Des livres traitant de la question relatèrent ces découvertes.

Dès 1930, des travaux furent entrepris en Syrie au Krak des chevaliers, sur l'agora de Palmyre et au temple de Bêl. Des équipes de fouilles polonaises, suisses, allemandes, syriennes s'installèrent à Palmyre. Vers le milieu du siècle, elles travaillèrent dans le temple de Baalshamin, dans le Camp de Dioclétien, au sanctuaire de Nébo et dans la Vallée des tombes.

Chaque découverte archéologique permet de mieux connaître cette ville prospère et les relations qu'elle entretenait avec Rome. Mais la cité (en partie ?) détruite par Aurélien gardera à jamais le souvenir du courage et de la volonté d'une femme : Zénobie, l'héritière de Cléopâtre et des Syriennes, ces maîtresses femmes, épouses des empereurs romains, les Sévères. Elle symbolise aujourd'hui toutes ces femmes qui ont marqué l'histoire de leur empreinte.

VIOLAINE VANOYEKE,
Palmyre, 2002.

ANNEXES

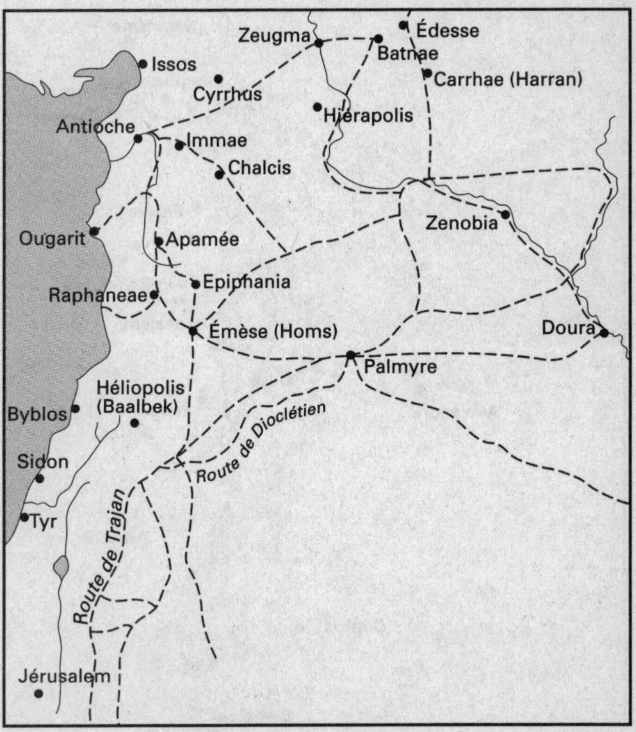

La Syrie au IIIe siècle

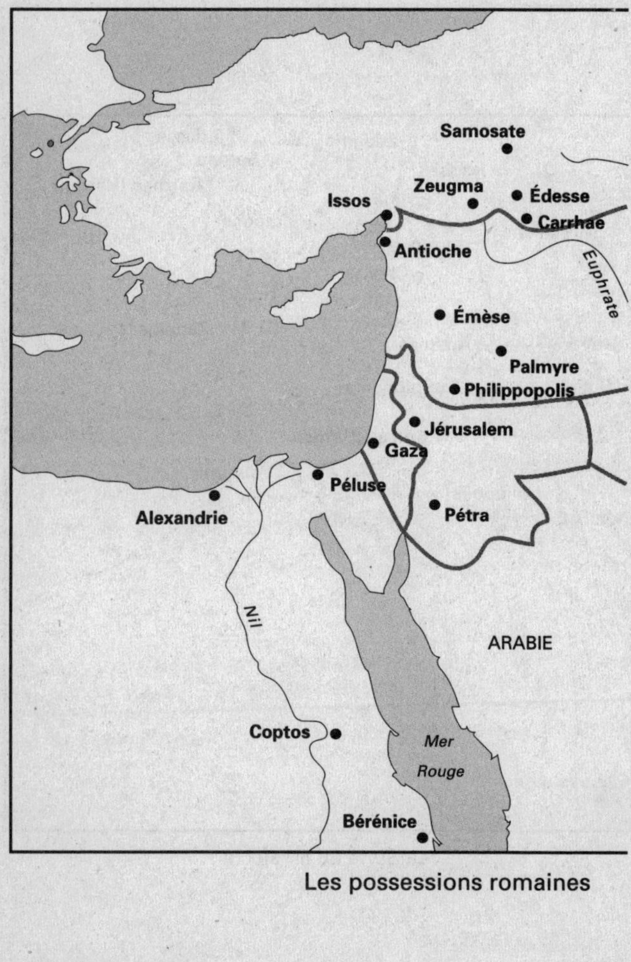

Les possessions romaines

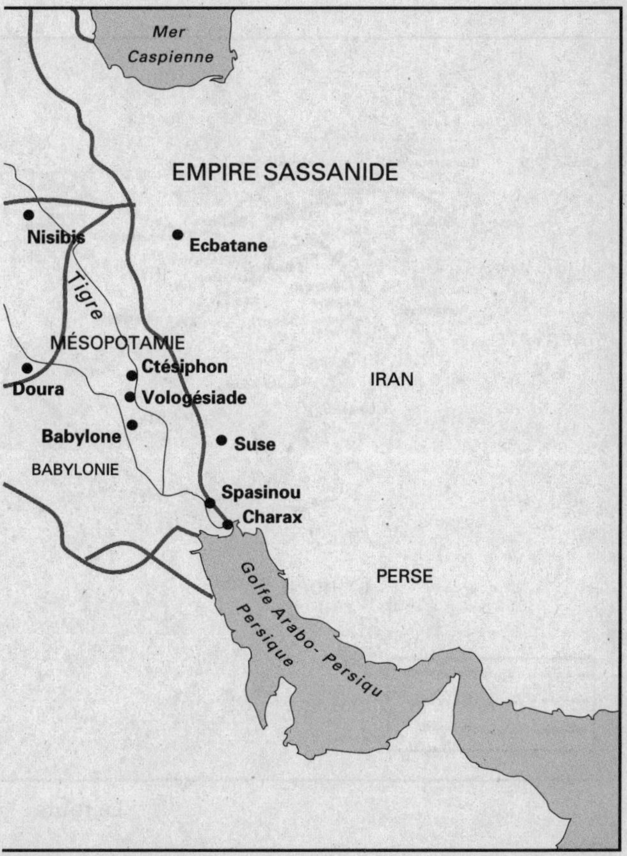

et l'empire sassanide

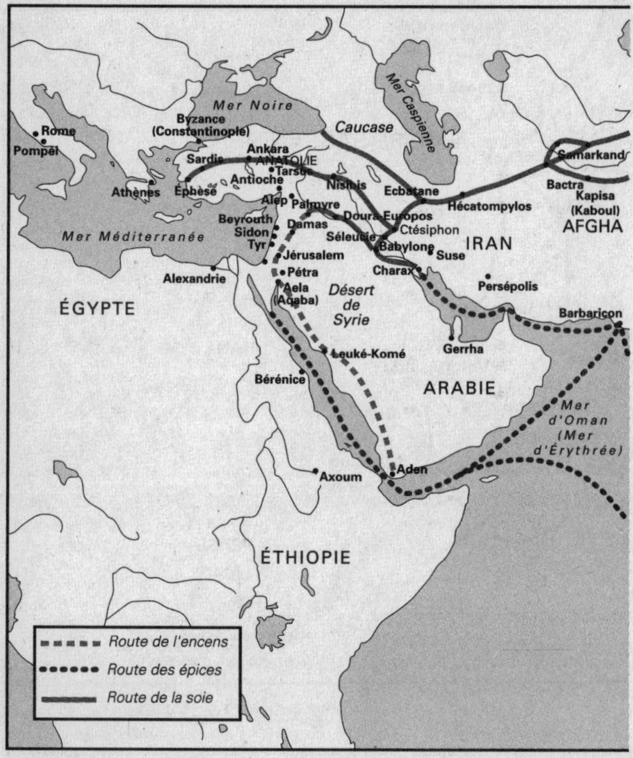
Mer Noire
Byzance
(Constantinople)
Rome
Pompéi
Caucase
Mer Caspienne
Ankara
Sardis
ANATOLIE
Tarse
Antioche
Athènes
Éphèse
Nisibis
Ecbatane
Samarkand
Bactra
Kapisa
(Kaboul)
AFGHA
Hécatompylos
Alep
Palmyre
Doura-Europos
Ctésiphon
Beyrouth
Damas
Sidon
Tyr
Séleucie
Babylone
Susе
IRAN
Mer Méditerranée
Jérusalem
Pétra
Alexandrie
Charax
Persépolis
Aela
(Aqaba)
Désert
de
Syrie
ÉGYPTE
Barbaricon
Leuké-Komé
Gerrha
Bérénice
ARABIE
Mer
d'Oman
(Mer
d'Érythrée)
Aden
Axoum
ÉTHIOPIE
Route de l'encens
Route des épices
Route de la soie

La route

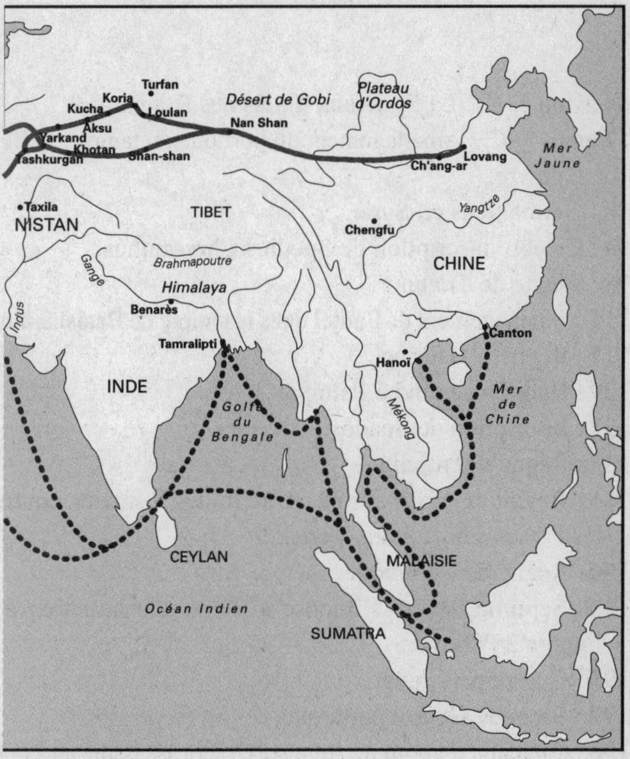

des caravanes

REPÈRES CHRONOLOGIQUES

64 avant J.-C. : La Syrie aux mains des Romains.
17 après J.-C. : Aménagement du portique du temple de Bêl à Palmyre.
18 : Germanicus en Syrie.
58 : Célèbre inscription de Spedius Chrysanthus.
98 : Règne de Trajan.
115 : Aménagement de l'autel dans le temple de Baalshamin.
117 : Règne d'Hadrien.
129 : Hadrien se rend à Palmyre.
132 : Inscription de Soados.
137 : Règne d'Antonin.
161 : Règne de Marc Aurèle. Guerre des Romains contre les Perses sous Lucius Verus.
180 : Règne de Commode.
193 : Septime Sévère s'impose à Rome. Construction de l'agora à Palmyre.
195 : Guerre parthique.
197 : Seconde Guerre parthique.
198 : Caracalla est nommé Auguste (il sera assassiné en 217).
209 : Geta devient Auguste.
211 : Palmyre devient colonie romaine.
217 : Macrin devient empereur (il est tué en 218).
218 : Odénath Ier devient sénateur (?). Héliogabale empereur à Émèse (il est tué en 222).
220 : Naissance d'Odénath, fils de Septimius Hérodien.

222 : Règne d'Alexandre Sévère qui se révèle un empereur juste et populaire. Il sera assassiné en 235.

231 : Alexandre Sévère fait la guerre aux Perses dirigés par le roi Ardachir, père de Sapor Ier.

235 : Maximin devient Auguste (il sera tué en 238).

238 : Gordien III devient Auguste et se marie avec Tranquillina.

240 : La lutte contre les Perses reprend.

241 (?) : Naissance de Zénobie.

244 : Philippe succède à Gordien III.

251 : Hérodien, le fils d'Odénath devient sénateur.

253 : Sapor Ier dirige l'armée perse et s'impose en Syrie. Valérien devient Auguste.

257 : Naissance de Waballath (?). Valérien donne à Odénath le titre de gouverneur de la Syrie-Phénicie.

259 : Après s'être emparé de Doura-Europos et s'être imposé à Antioche en 256, Sapor repart à la conquête de l'Orient. Il fait Valérien prisonnier. Son fils Gallien s'impose seul à Rome. Devant l'incapacité de Gallien, les usurpateurs se multiplient. Odénath s'impose à Palmyre.

262 : Odénath l'emporte sur Sapor et devient général en chef des Romains. Les Scythes pillent Éphèse.

267 : Assassinat d'Odénath et de son fils. Zénobie impose Waballath à la tête de Palmyre.

268 : Mort de Gallien. Nomination de Claude II.

269 : Postumus qui s'était imposé en Gaule meurt. Quintillus prend le pouvoir à Rome. Il ne régnera que quelques jours avant que ne s'impose Aurélien.
Zénobie règne à la place de son fils et s'empare de l'Égypte.

271 : Monnaies aux effigies d'Aurélien, de Waballath et de Zénobie. Aurélien fait évacuer la Dacie par les Romains.

272 : Probus reprend l'Égypte. Aurélien part en guerre contre Zénobie. Il s'empare de Tyane. Batailles à Antioche et à Émèse. Pendant l'été, siège de Palmyre. Zénobie est prisonnière.

273 : Révolte d'Apsaeus et des Palmyréniens. Aurélien détruit Palmyre.

274 : Aurélien célèbre son triomphe. Réformes à Rome et construction des murs de Rome.

275 : Assassinat d'Aurélien en Thrace. Tacite lui succède.

276 : Règnes de Florien puis de Probus après l'assassinat de Tacite. Victoire de Probus contre les Perses.

282 : Après la mort de Florien et de Probus, Carus part guerroyer en Perse.

284 : Dioclétien empereur.

SOURCES ANCIENNES

Ammien Marcellin
Apicius : *De re coquinaria*
Aquila (Julius)
Arnobe : *Disputationes adversus nationes*
Aurelius Victor : *De Caesaribus*
Epitome
Origo mentis romanae
De viris illustribus
Ausone : *Epigrammata*
Epistulae
Epitaphia heroum
Celse
Claudien : *Epistulae*
De bello Getico
Epigrammata
De consulatu Theodori
Commodien : *Carmen Apologeticum*
Instructiones per litteras versuum primas adversus paganos
Damascius
Damasus : *Epigrammata*
Dexippe
Dion Cassius
Dion Chrysostome
Eumène
Eutrope : *Breviarum historiae romanae*

Festus : *De verborum significatione*
Fronto
Hégésippe : *Flavius Josèphe, De bello judaico*
Héliodore
Hérodien
Histoire Auguste
Jérôme
Josèphe : *Bellum judaicum*
Julien
Juvénal : *Satires*
Libanius : *Epistulae*
Lucien
Macrobe : *Saturnaliorum libri*
Orose : *Liber apologeticus adversus Pelagianos*
Historiarum adversus paganos
Procope
Sénèque : *De beneficiis*
Symphosius
Vegetius : *Epitoma rei militaris*
Ars veterinaria sive mulomedicina
Vitruve : *De architectura*
Zonaras
Zosime

CHRONOLOGIE DES EMPEREURS ROMAINS
(de 27 av. J.-C. à 324 ap. J.-C.)

27 avant J.-C. : Octave devient Auguste.
14 après J.-C. : Tibère.
37 : Caligula.
41 : Claude.
54 : Néron.
69 : Galba, Vitellius assassinés. Othon, suicidé. Vespasien.
79 : Titus.
81 : Domitien.
96 : Nerva.
98 : Trajan.
117 : Hadrien.
138 : Antonin le Pieux.
161 : Marc Aurèle et Lucius Verus.
169 : Mort de L. Verus.
180 : Commode, assassiné.
193 : Pertinax, assassiné. Septime Sévère.
211 : Caracalla et Geta.
212 : Geta, assassiné.
217 : Macrin, assassiné.
218 : Héliogabale, assassiné.
222 : Sévère Alexandre, assassiné.
235 : Maximin le Thrace.
238 : Pupien et les Gordiens.
244 : Philippe l'Arabe.
249 : Decius.

251 : Gallus.
253 : Valérien et Gallien.
260 : Gallien.
268 : Claude II.
270 : Aurélien.
275 : Tacite.
276 : Probus.
282 : Carus.
283 : Carinus et Numérien.
284 : Dioclétien.
286 : Dioclétien et Maximien Hercule.
293 : Première tétrarchie : Dioclétien, Maximien, Constance et Galère.
305 : Deuxième tétrarchie : Galère, Constance, Maximin-Daia, Sévère.
306 : Constantin.
307 : Maxence.
308 : Licinius défait et banni en 324. Constantin devient empereur unique.

REMERCIEMENTS

Je tiens à remercier tous ceux qui m'ont reçue et qui ont facilité mon travail tant en Syrie que dans les autres pays.

En ce qui concerne l'Égypte, je remercie M. Hosni Moubarak, président de la République arabe d'Égypte ; M. Farouk Hosni, ministre de la Culture ; M. Mandouh el Beltagui, ministre du Tourisme, pour leur accueil chaleureux ; M. Zahi Hawwas, secrétaire général du Conseil supérieur des Antiquités égyptiennes ; M. Sabry Abd el Aziz Khater, responsable des Antiquités pharaoniques auprès du CSAE qui facilitent mon travail en Égypte ; M. El Masri ; M. Mohamed El-Bialy, directeur des Antiquités de Thèbes-Ouest ; Mme Yushreia Ismaïl, sous-secrétaire au ministère du Tourisme pour son aide précieuse ; Mme Sonia Guirguis, directrice de l'Office du tourisme égyptien pour son attention et son aide ; M. Ali El-Kadi, conseiller de presse à l'ambassade de la République arabe d'Égypte ; M. Osama Abd el Afiz ; M. Adel el Masry ; M. Osman ; Mme Suzanne Matsakis du groupe Accor ; Mme Catherine Magnien ; M. Rayan Fahim, président d'Egyptair ; M. Alain Khoury pour sa fidèle attention.

Mes plus vifs remerciements vont aussi à M. Ravassard, M. Selim, M. Sallam, M. Helmy du Old Cataract d'Assouan dont le charme et la magie face à l'île Éléphantine restent exceptionnels ; à Mme Beryl el Gendy, à M. Mohamed Azab pour son accueil chaleureux et amical, à Moustafa et Tarek el Gendy qui dirigent la compagnie « Belle Époque » et qui possèdent les magnifiques bateaux *Eugenia* et *Kasr Ibrim* pour une croisière sur le lac Nasser.

Je tiens à saluer chaleureusement et amicalement M. Randolph Edmonds, directeur général du Sofitel Winter Palace de Louxor, et son épouse Marie-Hélène et à remercier M. Guirguis pour son attention. Cet établissement à la façade victorienne situé sur les bords du Nil est une étape à la fois pratique et féerique pour partir à la rencontre des pharaons de la XVIIIe dynastie et pour retrouver l'époque où Aton s'imposa au détriment d'Amon. Le plaisir d'y contempler le cirque de Deir el Bahari et la Vallée des Nobles reste intact.

Je tiens aussi à remercier chaleureusement M. Amal Ali du Mercure de Minia, remarquablement situé, M. Hesham Al Kaffass du Movenpick du Caire, si proche des pyramides, M. Haitham Nassar du Nile Hilton du Caire situé à côté du Musée égyptien, M. Rajiv Kaul du mythique Mena House de Gizeh et la société Maugest de Rueil.

J'ai été très sensible à l'accueil de M. Zouiten Abderrafih et de Mme Nejma Lasky à Royal Air Maroc toujours aussi agréable et efficace ; de M. Radouane Rerhaye et de Mme Amina Bouadid à l'Office du tourisme du Maroc ; de Mme Maryline Veyva de l'excellente et très performante agence First Maroc ; de Mme Bérengère Violet de la société Planète et du magnifique Dorint Palace d'Agadir.

J'ai enfin été très touchée par l'amabilité de Gunnel Nejjar qui dirige le bel établissement Riad Salam à Casablanca et de Thami Baddyr, chaleureux directeur de l'hôtel Kenzi d'Agadir qui est si agréable et d'où l'on peut contempler après une journée de travail la mer à l'infini dans la plus grande quiétude.

L'aide et l'attention de Mme Myrto Sofianou du sublime Astir Palace de Vouliagmeni, de Lena Melidonioti du Nauplie Palace qui domine l'Argolide et de Mme Olympia Giannopoulou de l'Hinitsa Bay de Porto Héli proche d'Épidaure et de Mycènes m'ont été précieuses.

Table

TROISIÈME PARTIE

Du même auteur

L'Art aux yeux pers, Le Cherche-Midi, 1980, *poésie*. Prix Jean Christophe.

Torrent, R.E.M., Lyon, 1983, *poésie*. Album avec interprétation au piano de Violaine Vanoyeke.

L'Harmonie et les arts en poésie, Monaco, 1985, *anthologie*.

Le Mythe en poésie, Monaco, 1986, *anthologie*.

Cœur Chromatique, R.E.M., Lyon, 1986, *poésie*. Album avec accompagnement musical interprété au piano par Violaine Vanoyeke. Interprétations des textes avec Dominique Paturel.

Clair de Symphonie, J. Picollec, 1987, *roman*.

Messaline, Robert Laffont, 1988, *roman*. Traduit en espagnol, portugais, grec, coréen, bulgare, polonais…

Le Druide, Sand, 1989, *roman*.

Au bord du Douro, Lizier, Luxembourg, 1989, *poésie*.

Les Louves du Capitole, Robert Laffont, 1990, *roman*. Prix littéraire de l'été 1990. Traduit en espagnol, portugais…

La Prostitution en Grèce et à Rome, Belles Lettres, 1990, *histoire*. Traduit en espagnol, grec, japonais, tchèque…

Le Crottin du diable, Denoël, 1991, *roman*. Prix de l'Association de l'assurance et des banques, 1992.

Les Bonaparte, Critérion, 1991, *histoire*.

La Naissance des Jeux Olympiques et le sport dans l'Antiquité, Belles Lettres, 1992, *histoire*.

Les Grandes Heures de la Grèce antique, Perrin, 1992, *histoire*. Repris au Grand Livre du Mois.

Les Sévères, Critérion, 1993, *histoire*.

Les Schuller, Presses de la Cité, 1994-1995, *romans* :

* *Les Schuller*, Presses de la Cité, 1994.

** *Le Serment des Quatre Rivières*, Presses de la Cité, 1995.

Hannibal, France-Empire, 1995, *histoire/biographie*.

Paul Éluard, le poète de la liberté, Julliard, 1995, *histoire/biographie*.

Le Secret du pharaon (série), L'Archipel, *romans* :

* *Le Secret du Pharaon*, L'Archipel, 1996. Traduit en espagnol, portugais, catalan, tchèque, slovaque, hongrois... Repris au Grand Livre du Mois (1996), par Succès du Livre (1997), à Presses Pocket (1997), Le Chardon bleu (1997).

** *Une mystérieuse Égyptienne*, L'Archipel, 1997, *roman*. Traduit en espagnol, tchèque, portugais, hongrois, slovaque... Repris par Succès du Livre (1998), à Presses Pocket (1999), Le Chardon bleu (1999).

*** *Le Trésor de la reine-cobra*, L'Archipel, 1999. Traduit en slovaque, tchèque, hongrois... Repris par Succès du Livre, Presses Pocket (1999).

Quand les athlètes étaient des dieux, Les Jeux Olympiques de l'Antiquité, Fleurus, Collection « Encyclopédie Fleurus », 1996, *ouvrage pour la jeunesse*.

Ramsès, série radiophonique, 1995-1996.

Périclès, Tallandier, 1997, *histoire/biographie*. Traduit en portugais, espagnol... Repris au Grand Livre du Mois (1997).

Les Histoires d'amour des pharaons (série), Michel Lafon :

* *Les Histoires d'amour des pharaons : Néfertiti et Akhenaton ; Ramsès II et Néfertari ; Tyi et Ramsès III ;*

César et Cléopâtre ; Antoine et Cléopâtre, Michel Lafon, 1997. Traduit en italien, espagnol, turc, portugais, hongrois, tchèque... Repris au Grand Livre du Mois (1997), par Succès du Livre (1999), au Livre de Poche (1999).
** *Les Histoires d'amour des pharaons II : Ahmosis et Ahmès-Néfertari ; Tiâa et Aménophis II ; Tout-Ankh-Amon et Ankhsepaton ; Séthi II et Taousert*, Michel Lafon, 1999. Traduit en espagnol, portugais, hongrois, tchèque... Repris au Livre de Poche (2000).

La Passionnée, Michel Lafon, 1997, *roman*. Traduit en espagnol...
De la prostitution en Alsace (collectif), Le Verger, 1997, *histoire*.

Les Dynasties pharaoniques (série), Tallandier, *histoire* :
* *Les Ptolémées, derniers pharaons d'Égypte*, Tallandier, 1998. Traduit en espagnol, portugais...

Les Pharaons du Soleil (saga-collection), Michel Lafon :
La Pharaonne Hatchepsout (trilogie), Michel Lafon, *romans* :
* *La Princesse de Thèbes*, Michel Lafon, 1998. Nouvelle édition, 1999. Traduit en portugais, hongrois, tchèque... Repris au Livre de Poche (2000) et par Succès du Livre (2002). Publié avec le livret « Apprenez les hiéroglyphes avec Hatchepsout ».
** *Le Pschent royal*, Michel Lafon, 1998. Nouvelle édition, 1999. Traduit en portugais, hongrois, tchèque... Repris au Livre de Poche (2000) et par Succès du Livre (2002).
*** *Le Voyage d'éternité*, Michel Lafon, 1999. Traduit

en portugais, tchèque, hongrois… Repris au Livre de Poche (2000) et par Succès du Livre (2002).

La trilogie *La Pharaonne Hatchepsout* sous coffret (œuvre intégrale) avec le livret « Apprenez les hiéroglyphes avec Hatchepsout » (2002).

Thoutmosis (trilogie), Michel Lafon, *romans* :
* *Le Rival d'Hatchepsout*, Michel Lafon, 2000. Repris au Grand Livre du Mois, au Livre de Poche (2002), à Succès du Livre.
** *L'Ibis indomptable*, Michel Lafon, 2000. Repris au Grand Livre du Mois, au Livre de Poche (2002).
*** *Au royaume du Sublime*, Michel Lafon, 2000. Repris au Grand Livre du Mois, au Livre de Poche (2002).

Aménophis (trilogie), Michel Lafon, *romans* :
* *Le Prince de lumière*, Michel Lafon, 2001. Repris au Grand Livre du Mois (2001) au Livre de Poche et par Succès du Livre.
** *Le Breuvage d'amertume*, Michel Lafon, 2001. Repris au Grand Livre du Mois, au Livre de Poche et par Succès du Livre.
*** *Vénérable Tiyi*, Michel Lafon, 2002. Repris au Grand Livre du Mois, au Livre de Poche et par Succès du Livre.

Violaine Vanoyeke, Les Pharaons mènent à la vie éternelle, autobiographie, Michel Lafon, 2001. Repris au Livre de Poche.

Discographie

Bach, Beethoven, Debussy, Chopin, R.E.M., Lyon, Violaine Vanoyeke, piano.
Chopin, Debussy, Schumann, R.E.M., Lyon, Violaine Vanoyeke, piano.

Violaine Vanoyeke est l'auteur de nombreuses préfaces et articles parus dans des revues spécialisées et dans *Historia, Chroniques de l'Histoire, Le Spectacle du monde, Le Quotidien de Paris, L'Histoire, Science et Vie, France-Soir, Géo, Voyager, Version Femme, Vous et votre avenir…*

Composition réalisée par INTERLIGNE

IMPRIMÉ EN ESPAGNE PAR LIBERDUPLEX
Barcelone
Dépôt légal Éditeur : 43408-03/2004
Édition 1
LIBRAIRIE GÉNÉRALE FRANÇAISE - 43, quai de Grenelle - 75015 Paris.

ISBN 2-253-07267-2 30/3073/1